박지원

새 세상을 설계한 지식인

이강옥 글 | 한수임 그림

다섯수레

박지원이 살았던 때는 조선 사회가 나라 안팎으로 큰 도전을 받고 변화를 모색하던 시대였습니다. 그런 시대일수록 사람들의 생각은 서로 달라지게 됩니다. 한 부류의 사람들은 자신들이 누리던 권리를 계속 유지하려고 자신들만이 옳고 떳떳하다는 주장을 강하게 펼치고, 또 다른 부류는 세상이 달라져야 한다는 것을 당연하게 여겨 어떠한 생각이 세상의 모순을 해결하는 데 도움이 될지를 고심합니다. 박지원은 후자에 속했습니다.

박지원은 앞으로 달라지고 또 달라져야 하는 세상을 떠올리면서, 좋은 세상을 만들기 위해 온갖 노력을 다했습니다. 세상에 가득 찬 선입견이나 관습을 무턱대고 따르지 않았습니다.

오랜 세월 동안 사람들의 생활을 지배해 온 사상이나 규범은 어느덧 달라진 세상에 맞지 않게 됩니다. 세상이 달라졌는데도 여전히 옛날 식으로 생각하고 행동한다면 사람은 세상과 원만한 관계를 맺기 어렵습니다. 세상이 바뀌면 생각도 바뀌어야 하는 것이지요. 아니, 지금까지 지탱해 온 세상이 더 이상 많은 사람들을 행복하게 해 주지 못한다는 것을 깨달은 순간, 우리는 온 힘을 다해 생각을 바꾸고 세상도 바꿔 가야 합니다.

그러기 위해 박지원은 가장 치열하게 살다 간 지식인 가운데 한 사람입니다. 박지원은 남들이 이미 해 놓은 것을 흉내 내어 생각하거나 글로 쓴 경우는 많지 않았습니다. 언제나 개성 있게 생각하고 창의적인 글을 쓰며, 그대로 실천하려 애썼습니다.

여러분은 이렇게 독창적이고 창의적인 박지원의 말과 행동을 차분히 따져 가면서 이 책을 읽기 바랍니다. 물론 박지원의 생각 중에는 다소 미흡하거나 알맞지 않은 부분도 있습니다. 그것은 박지원의 부분적인 한계이면서 그 시대의 한계이기도 합니다. 여러분은 그 점에 유념하면서, 박지원이 그 시대에 그런 생각과 행동을 한 것에 견줄 때, 나는 이 시대를 위해 어떻게 생각하고 행동할 것인가를 곰곰이 생각하면서 이 책을 읽으면 좋겠습니다.

꽃밭의 꽃들은 저마다 색깔이 다르기에 더 예쁘게 어울리듯, 우리가 살아가는 세상도 자기의 빛깔을 마음껏 드러내는 사람이 많아질수록 아름다워지겠지요. 이 책이 보여 주는 박지원의 삶이, 여러분이 다채롭고 아름다운 삶을 꾸려 가는 데 도움이 되기를 바랍니다.

2010년 8월
이강옥

차례 contents

영국에는 셰익스피어, 조선에는 박지원

연암 박지원은 1737년(영조 13년) 서울 반송방(지금의 서대문구) 야동에서 태어났습니다. 집안 어른 한 분이 중국 북경의 이름난 점쟁이에게 박지원의 앞날에 대해 물어본 적이 있습니다. 점쟁이는 박지원의 운명이 중국의 유명한 문장가 한유나 소식과 비슷하다며 이렇게 예언했습니다.

　"글 짓는 능력을 타고났지만 까닭 없이 비방을 당할 것 같

한유_ 중국 당나라의 문학가 겸 사상가. 산문의 문체를 개혁하고 지적인 흥미를 정제된 표현으로 나타내는 시를 시도하여 문학사적으로 큰 업적을 남겼습니다. 그의 문체는 송대 이후 중국 산문 문체의 표준이 되었고, 제재(題材)를 확장하는 데도 큰 영향을 주었습니다. 유교 사상을 존중하고 도교와 불교를 배격하였으며, 송대 이후 성리학의 선구자가 되었습니다. 그가 쓴 작품은 《창려선생집》,《외집》,《유문》 등의 문집에 수록되어 있습니다.

소이다."

　박지원이 비방을 받으리라는 예언은 그대로 들어맞았습니다. 하지만 까닭이 없었던 것은 아닙니다. 박지원의 할아버지 박필균은 경기도 관찰사와 공조 참판을 지낸 사람으로, 노론과 소론이 대립하던 당쟁에서 노론을 이끈 사람입니다. 박지원의 집안은 자연스럽게 노론의 생각을 받아들이게 되었지요. 그러나 박지원은 당파로 사람을 평가하지 않았습니다. 박지원은 언제나 다른 사람이 가진 생각을 정확하게 알아보고 공명정대하게 평가하려 했습니다. 그러나 많은 사람들이 박지원의 그런 공평한 마음가짐을 알아주지 않고, 박지원이 노론 집안이니 저런 태도를 취한다며 비방하기 바빴습니다.

　소식_ 중국 북송 때 시인. "독서가 만 권에 달하여도 율(여덟 구로 되어 있는 한시체)은 읽지 않는다."라고 하여 최초의 필화 사건(발표한 글이 법률적, 사회적으로 문제를 일으켜 제재를 받는 일)을 일으켰습니다. 당나라의 시가 서정적인 데 비해 소식의 시는 철학적 요소가 짙었습니다. 소식은 폭넓은 재능을 발휘하여 시와 문장, 서예와 그림 등에도 뛰어난 재능을 보였으며 말을 잘하고 유머가 풍부하여 누구에게나 호감을 준 인물이었습니다. 대표작인 〈적벽부〉는 지금까지 널리 애창되는 불후의 명작입니다.

박지원은 옳은 것은 옳다고 분명히 이야기하고, 옳다고 여기는 것은 반드시 행동으로 당당하게 옮겼습니다. 그런 태도에는 예외가 없었지요. 박지원의 이런 원칙주의는 다른 사람을 불편하게 만들었습니다. 이런 까닭으로 박지원에 대한 비방은 나날이 높아만 갔습니다. 무엇보다 박지원은 자유롭게 생각하고 행동하는 사람이었습니다. 그가 쓴 글도 마찬가지였습니다. 그러다 보니 많은 사람들이 박지원의 말이나 글을 제대로 이해하지 못했습니다. 박지원은 시대를 앞선 생각을 했지만 당시 사람들은 대부분 박지원을 오해하여 근거 없는 비난을 퍼부었던 것이지요. 하지만 박지원은 이런 상황에서도 다양한 모습으로 살아가는 온갖 사람들을 만나고, 수많은 책을 읽으며 사고의 폭을 넓혔습니다. 또한 이러한 생각들을 글에 담아냈습니다.

영국 사람들은 셰익스피어를 인도와도 바꾸지 않겠다고 말합니다. 영국에 셰익스피어가 있다면 우리나라에는 박지원이 있습니다. 이제 여러분은 박지원이 왜 셰익스피어 못지않은, 아니 셰익스피어보다 더 위대한 사상가요 문호인지 알게 될 것입니다.

타고난 효자, 빛나는 앞날을 기대하다

박지원은 아버지 박사유와 어머니 함평 이씨 사이에서 2남 2녀 중 막내로 태어났습니다. 할아버지가 높은 벼슬을 한 반면 아버지는 벼슬을 하지 않고 부모를 모시면서 일생을 조용히 보냈지요.

박지원은 일찍 철이 들어 서너 살 때부터, 여름이면 부모의 베갯머리에서 부채질을 하고 겨울이면 자신의 체온으로 이부자리를 따뜻하게 했습니다. 할아버지가 경기도 관찰사가 되어 근무지의 감영에 머물 때는 거리가 꽤 먼데도 걸어가서 할아버지에게 문안 인사를 올릴 정도로 효심이 깊었습니다. 또한 이사를 앞두고는 옮길 집으로 제일 먼저 가서 대청과 사랑이 어느 방향인지, 집은 몇 칸인지 살펴보고 할아버지에게 알릴 정도였습니다. 그것이 다섯 살 때의 일이니

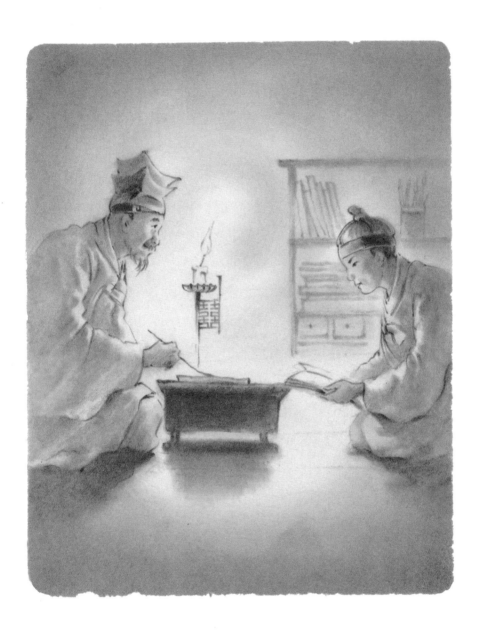

타고난 효자였던 셈이지요.

열여섯 살에 관례(남자가 성년이 되면 상투를 틀고 갓을 쓰게 한 의식)를 올리고, 이보천의 딸과 결혼한 박지원은 장인에게서 《맹자》를, 처삼촌인 이양천에게서는 《사기》를 배웠습니다. 장인 이보천은 학문이 뛰어났지만 벼슬은 하지 않았고, 이보천의 동생 이양천은 경전과 역사책을 두루 읽어 문장이 매우 뛰어난 사람이었습니다. 이들에게 학문을 배웠으니 박지원의 실력도 눈에 띄게 나아졌지요.

하루는 박지원이 사마천의 글을 모방한 글을 지었는데, 이 글을 읽은 이양천은 깜짝 놀랐습니다. 박지원의 재능이 뛰어난 줄은 알았지만 이 정도일 줄은 몰랐으니까요. 이양천은 박지원이 장차 반고나 사마천 같은 큰 문장가가 될 것이라며 크게 기뻐했습니다.

"지원이의 재주는 보통 아이와 크게 달라. 훗날 반드시 큰 사람이 될 게야. 다만 악한 것을 미워함이 지나치고 기상이

사마천_ 중국 전한의 역사가로 《사기》를 썼습니다.
반고_ 중국 후한 초기의 역사가. 《한서》를 편집하던 중에 역사를 사실과 다르게 바꿔 지었다는 모함을 받아 감옥에 갇히기도 했습니다.

너무 뛰어나니 그게 걱정이지."

뛰어난 문장가가 될 것이라는 이양천의 말을 증명이라도 하듯 박지원은 의미심장한 꿈을 꾸었습니다. 꿈에서 서까래만 한 커다란 붓 다섯 자루를 얻었는데, 붓에 글이 적혀 있었습니다.

"붓으로 오악(우리나라와 중국의 이름난 산. 우리나라의 오악은 금강산, 묘향산, 지리산, 백두산, 삼각산을 가리킴)을 누르리라."

청년 시절의 방황과 고민

박지원은 스무 살 무렵 벗들과 함께 서울 근방의 절이나 강가의 외딴 집에서 과거 공부를 시작했습니다. 과거에 합격할 만한 글쓰기를 익힌 것이지요. 당시 과거에서는 글 쓰는 능력이 매우 중요한 조건이었습니다. 하지만 박지원은 그런 글쓰기를 좋아하지 않았습니다. 과거 시험관에게 보이려고 쓰는 글은 알맹이가 없는 죽은 글이라고 여겼으니까요. 그래서 과거장에 들어가서도 답안을 완성하지 않고 그냥 나와 버리기 일쑤였습니다.

박지원의 글솜씨가 무척 뛰어나다는 소문이 널리 퍼져 있었기에 과거 시험관들은 그를 꼭 합격시키려 했습니다. 하지만 박지원은 과거에 합격해 명예를 누리며 편안하게 사는 것에는 관심이 없었습니다. 무엇보다 어수선한 나라 상황에 관심을 기울이며 자신의 장래에 대해 고민했습니다.

　조선은 사대부들이 유교 사상을 바탕으로 세운 나라였습니다. 고려 말기에는 왕족과 고위 관리들이 부를 독점하고 사치를 일삼아 백성의 삶이 힘겨웠습니다. 그러자 유교 사상을 공부한 사대부들이 백성이 잘 사는 새로운 세상을 만들려고 세운 나라가 조선이지요. 이렇듯 조선은 세계 어느 왕조보다도 뚜렷한 철학적 명분을 가진 나라였습니다. 하지만 조선은 사대부들의 의지대로 유지되지는 않았습니다.

　사대부들은 유교의 가르침에 따라 백성을 이끌었지만, 조선 후기에 이를수록 애초의 의도에서 벗어난 일들이 수없이 일어났습니다. 사대부들은 살벌한 권력 다툼과 알맹이 없는 학문적 논쟁에 빠져 현실에서 점점 멀어져, 백성의 행복과 나라의 장래에는 관심을 갖지 않았습니다. 임진왜란과 병자

임진왜란_ 도요토미 히데요시가 복잡한 일본 정국을 안정시키고, 통일 과정에서 분출한 하급 무사들의 불만을 나라 밖으로 돌리기 위해 일으킨 전쟁입니다. 1592년(선조 25년)부터 1598년까지 두 차례에 걸쳐 일어났습니다. 우리나라는 이 전쟁으로 수많은 사람이 목숨을 잃었고 경작지도 황폐해졌습니다. 토지 대장과 호적이 대부분 없어져 국가 운영이 마비될 정도였습니다.

호란은 이런 혼란상이 가져온 불행이었습니다.

특히 병자호란은 조선의 임금인 인조가 오랑캐 나라인 청나라 황제에게 무릎을 꿇고 항복한 전쟁이어서 사대부들에게 상상도 못 한 큰 충격을 주었습니다. 많은 사대부들은 그런 굴욕에 복수하기 위해 청나라를 무찔러야 한다고 주장했습니다. 이른바 '북벌론'이지요.

조선을 침략한 청나라는 어느덧 중화 문명을 차지하고, 거대한 제국이 되어 가고 있었습니다. 청나라는 고대 중국으로부터 면면히 이어져 온 중화 문명을 계승하여 더욱 발전시켰습니다. 나아가 동아시아와 서양으로부터 온갖 문물과 제도를 받아들여 새로운 문명을 만들어 가고 있었습니다.

박지원은 청나라를 다녀온 사람들의 이야기와 글, 그들이 가지고 온 책을 통해 세계정세가 변하고 있다는 사실을 알고 있었습니다. 박지원은 청나라를 잘 배우고 이용하면 조

> **병자호란_** 1636년(인조 14년) 12월부터 1637년 1월까지 청나라가 우리나라를 침략한 전쟁입니다. 이 전쟁은 우리나라 조정 대신들 사이에 퍼져 있던 숭명배금(명나라를 숭배하고 금나라를 배격함) 사상이 청나라의 강압적인 관계 요구와 부딪치면서 일어났는데, 인조의 굴욕적인 항복으로 끝을 맺었습니다.

선이 안고 있는 문제들을 해결하는 데 도움이 되리라 생각했습니다. 그렇게 한다면 조선이 세상의 흐름에서 소외되어 외톨이가 되지 않을 것 같았습니다. 그래서 꼭 청나라를 방문하여 발전된 모습을 직접 확인하고 싶었습니다. 박지원과 같은 태도를 보인 사람들을 역사가들은 '북쪽 청나라를 기꺼이 배우고자 했다.'는 뜻에서 '북학파'라고 부릅니다.

반면에 청나라를 정벌해야 한다고 주장한 사람들은 대의명분만 내세우고 현실을 무시했습니다. 그런 주장에는 백성의 관심을 나라 밖으로 돌려서 나라 안의 혼란과 불만을 잠재우려는 속셈도 있었습니다.

박지원은 그런 잘못을 범하지 않으려면 청나라에서 배울 것은 배우고, 조선의 현실을 돌아보아 시대에 뒤처진 문물이나 제도는 혁신해야 한다고 강력하게 주장했습니다. 그는 당시 가장 중요한 물자 이동 수단이던 수레의 규격을 통일하자거나, 집이나 성벽을 튼튼하면서도 쉽게 지을 수 있는 작은 벽돌을 도입하자거나, 농작물의 생산력을 늘리는 데 꼭 필요한 거름 주는 방법을 개선하자는 의견을 내놓았습니다.

또한 박지원은 유교의 가르침이 당시 조선 현실에서 어떤 가치를 가지는지 깊이 고민했습니다. 예를 들어 여성에게 지나치게 강요되었던 정절이 여성의 행복을 보장해 주지 못하고, 오히려 여성을 억압하고 여성의 삶을 비인간적으로 만드는 제도라는 것을 냉철하게 인식하고 있었습니다.

박지원의 고뇌와 문학

양반을 비롯한 권력층이 백성들의 삶을 돌보지 않는 사이에 백성들은 처참하게 몰락해 갔습니다. 자기 땅을 갖지 못한 백성들은 안간힘을 다해 일해도 나라에 세금을 바치고 땅임자에게 소작료를 내면 남는 게 없었습니다. 결국 모든 걸 잃고 거지가 되어 떠돌거나 끼니도 잇지 못할 만큼 끔찍한 가난 속에서 하루하루를 버텨야 했습니다. 그런데도 나라의 관리를 뽑는 과거 시험 제도는 타락할 대로 타락하여, 권력을 잡은 집안의 자제들만 뽑히고 우수한 인재가 벼슬길에 나가지 못하는 경우가 많았습니다.

박지원은 이런 사회의 혼란과 타락을 보며 괴로워했습니다. 이 무렵 박지원을 더 우울하게 한 것은 처삼촌 이양천의 죽음이었습니다. 이양천은 소론의 우두머리인 이종성이 영의정으로 임명되자 이에 항의하는 상소를 올렸다가 흑산도로 유배되어 어렵게 지냈습니다. 하지만 이양천은 그런 정치적 시련 속에서도 지조를 버리지 않는 '눈 속의 측백나무' 같은 선비였습니다. 유배지에서 장마와 무더위에 병을 얻은 이양천은 서른아홉이라는 젊은 나이에 세상을 떠났습니다. 이양천의 죽음으로 박지원은 지저분한 정치 현실에 회의를 느꼈고, 자신의 장래에 대해서도 깊은 고민에 빠졌습니다.

박지원의 초기 소설이라 할 〈마장전〉, 〈예덕선생전〉, 〈민옹전〉, 〈광문자전〉, 〈양반전〉, 〈김신선전〉, 〈우상전〉은 이 시기에 지어진 작품입니다. 박지원이 자신의 우울한 마음을 달래고자 이야기꾼을 청하여 세상의 온갖 사람과 기이한 사건에 대한 이야기를 들었는데, 그 이야기를 바탕으로 창작한 작품들입니다.

이런 소설을 통해 박지원은 권세와 이익만 좇는 양반들을 풍자하고 양반 사회에서 참된 우정이 사라진 것을 탄식했습니다. 박지원은 오히려 가난하고 못 배운 하층민들에게서 참된 우정과 믿음을 발견했습니다. 그래서 떠돌이 거지, 똥치는 인부, 불우한 중인을 주인공으로 내세워 순박하고 건

강한 생활을 보여 줌으로써 타락한 양반들을 날카롭게 꾸짖었지요.

하지만 답답한 현실에서도 가슴에 한 가닥 새로운 바람을 불어넣는 일이 생겼습니다. 박지원이 스물아홉 살 되던 1765년에 유언호, 신광온과 함께 금강산으로 유람을 떠나게 된 것입니다.

금강산 만폭동과 삼일포의 사선정 등을 거쳐 총석정에 이른 박지원은 이곳에서 일출을 본 뒤 〈총석정에서 해돋이를 보고〉라는 시를 지었습니다. 박지원은 자신의 마음속 답답함을 걷어 낼 새로운 세상에 대한 염원을 이 시에 담았습니다. 다음은 그중 가장 독특한 부분입니다.

자신전엔 조회 전에 갖옷을 모서 놓고
병풍만 펼쳐 놓은 채 용상은 비어 있네.
초승달은 샛별 앞에 밀려나서
먼저 예를 행하겠다고 등설처럼 제법 맞서네.
붉은 기운 차츰 묽어 다섯 색으로 나뉘더니
먼 물결 머리부터 절로 먼저 맑아지네.
바다 위 온갖 괴물 어디론지 숨어 버리고

희화만이 홀로 남아 장차 수레 타려 하네.

육만 사천 년이나 둥글둥글 내려왔으니

오늘 아침엔 동그라미 고쳐 어쩌면 네모가 될라.

해돋이를 기다리던 사람들은 해 뜨기 직전까지 술렁이다가 해가 떠오르기 시작하면 완전히 압도당하여 조용해집니다. 위의 시구절은 막 떠오른 해를 임금에 비유하면서, 둥근 해가 아닌 네모 해를 상상하는 모습을 묘사하고 있습니다.

- **자신전** 당·송 시대에 천자가 신하나 외국 사신을 만나던 궁전.
- **갖옷을 모셔 놓고** 임금이 죽고 새 임금이 정해지기 전, 죽은 왕의 옷을 놓고 조회를 하는 것을 말합니다.
- **먼저 예를 행하겠다고 등설처럼 제법 맞서네** 노나라 은공 시절, 노나라에 사신으로 온 등후와 설후가 서로 먼저 예를 행하려고 다툰 고사를 인용한 것입니다.
- **희화** 해를 태운 수레를 모시는 신.
- **육만 사천 년** 우주가 생겨 소멸할 때까지를 1원(元)이라 하는데 1원은 12만 9600년이고, 1원의 반은 6만 4800년입니다. 따라서 육만 사천 년은 우주 수명의 반을 말합니다.

총석정도, 겸재 정선(1676~1759)
고려대학교 소장

둥근 해가 지금까지의 평범한 임금을 표현한 것이라면, 네모 해는 앞으로 세상의 어둠과 혼돈을 씻어 줄 존재를 가리킵니다. 네모 해와 같은 임금이 다스리는 세상이야말로 박지원을 비롯한 실학 사상가들이 원하는 새로운 세상이었을 것입니다.

이 시는 작가의 뛰어난 기량과 정밀한 묘사가 돋보이는 작품으로 평가받습니다. 이 시를 보고 크게 감탄한 판서 홍상한은 "지금 세상에도 이런 필력이 있단 말인가? 도저히 거저 읽을 수 없다."라며 박지원에게 붓 2백 자루를 선물했습니다.

이런 마음의 위안도 잠시였습니다. 서른한 살이 되던 1767년에 아버지가 세상을 떠나고 만 것입니다. 이전부터 여러 번 위험한 고비를 넘겼지만, 그해 3월은 특히 더 위험한 지경이었습니다. 가장 큰 어른의 생명이 위태로워지자 온 집안은 난리가 난 듯 어수선했습니다. 박지원도 매우 상심했지요. 어려서부터 효자로 소문난 박지원에게 아버지의 병은 큰 고통이었습니다.

그러던 어느 날, 화로 앞에서 약을 달이던 박지원이 갑자기 돌아앉아 숫돌에 칼을 갈기 시작했습니다. 그 모습을 본

형이 물었습니다.

"칼을 갈아 무엇을 하려고 하니?"

"생강을 썰려고요."

하지만 박지원의 생각은 딴 데 있었습니다. 약을 짜는 시늉을 하던 박지원은 칼로 자신의 손가락을 베어 약에 피를 탔습니다. 아버지의 생명을 조금이라도 연장하려는 간절한 마음에서였지요. 박지원의 정성이 하늘에 닿았는지 아버지는 피가 든 약을 마시고 살아났습니다. 자리를 털고 일어난 아버지는 큰손자의 돌상을 차리라 하고, 평상시처럼 지내다가 그로부터 110일이 지나서 세상을 떠났습니다.

이해 가을, 박지원의 가족은 노원(지금의 서울 노원구)에 아버지의 장지를 마련했습니다. 그곳에는 녹천 이씨 집안의 별장이 있었는데, 이 집안 사람들이 똥을 퍼부으며 묘가 들어서지 못하도록 방해하기 시작했습니다. 명당을 자기들이 차지하려는 속셈이었지요.

이 일은 영조에게까지 알려졌습니다. 영조는 크게 노하여 녹천 이씨 집안을 엄하게 벌하려 했습니다. 결국 녹천 이씨 집안을 대표하던 이상지가 벼슬을 포기하는 것으로 이 일은 마무리가 되었습니다. 박지원은 어떻든 자기 집안의 장지 문제로 다른 집안 벼슬아치의 출셋길이 막힌 것에 큰 책임을 느꼈습니다. 이 일이 있은 뒤 박지원은 저마다 욕심을 채우려고 아웅다웅하는 현실에 대한 싫증이 더 커졌습니다. 이 사건은 박지원이 과거를 포기한 이유 가운데 하나가 되기도 했습니다.

과거를 완전히 포기하다

박지원은 1770년에 소과 초시에서 두 번 모두 일등으로 합격했습니다. 합격자를 알리는 방이 붙던 날, 영조는 박지원을 궁궐로 불러들여 답안지를 읽게 했습니다. 영조는 손으로 책상을 두드려 장단을 맞춰 가며 듣고는 크게 격려하는 말을 내렸습니다.

　이듬해에도 주위의 강권을 이기지 못해 소과 회시(초시에 합격한 사람이 이 차로 보는 시험)에 응시했지만 박지원은 답안지를 제출하지 않고 시험장을 나와 버렸습니다. 이 소문을 들은 장인 이보천은 아들 이재성에게 이렇게 말했습니다.

　"지원이 회시에 응시했다 하여 내 마음이 기쁘지 않았는데, 답안지를 내지 않고 나왔다는 얘기를 들으니 몹시 기쁘구나."

벼슬하지 않고 살아가던 장인이기에 박지원이 과거를 거부한 뜻을 이해한 것입니다. 후에 박지원의 아들 박종채도 《과정록》에 이렇게 적었습니다.

당시 시험을 주관하는 자들은 반드시 아버지를 회시에 합격시켜 자신의 공으로 내세우려 했다. 아버지는 이런 분위기에 영합하여 이익을 구하는 것을 경계하여 용감하게 이러한 결단을 내렸다.

아버지의 삼년상을 마칠 무렵, 박지원은 벗에게 보낸 편지에서 가족을 이끌고 장차 시골에 은둔하여 살 뜻을 비쳤습니다. 집안의 생계를 꾸려 가야 하는 처지이지만 출셋길이 보장된 과거에 응시하지 않겠다고 결심한 것이지요. 당시 선비가 과거를 포기한다는 것은 정상적으로 살아가기를 포기하는 것을 뜻했습니다. 어려서부터 장차 문장으로 크게 성공하리라는 기대를 한 몸에 받아 온 박지원. 그는 왜 과거를 포기했을까요?

가장 큰 이유는 무엇보다 영조 말기 혼란해진 정국 때문이었습니다. 박지원은 노론에 속한 할아버지와 장인 형제의 영향 속에서 성장했습니다. 할아버지 박필균이나 장인 이보천, 처삼촌 이양천은 모두 노론이었습니다. 이들은 신임사화 때 역적으로 몰려 죽은 노론 지도자들의 명예를 회복해 주어야 한다고 주장했습니다. 또 영조의 탕평책에 적극적으로 호응한 소론 일파가 왕실의 외척과 결탁하여 권세를 누리는 정치 현실에 대해서도 대단히 비판적이었습니다.

스승의 아들이면서 절친한 친구인 이희천이 사형을 당한 것도 박지원에게는 큰 충격이었습니다. 이희천의 죄명은 조선 왕실을 모독하는 내용이 들어 있는 중국 책을 구입했다는 것이었습니다. 이희천은 그런 내용이 있는 줄도 모르고 책을 샀지만 왕실에서는 이를 믿지 않았고, 마침내 다른 벗들까지 고초를 당해야 했습니다.

신임 사화_ 노론이 숙종 말년부터 경종을 제거할 음모를 꾸며 왔다는 상소로 일어난 사건입니다. 소론은 노론이 대리청정(왕이 나이가 들거나 병이 들었을 때 세자나 왕의 아우가 정사를 돌보는 일)을 주도하고자 한 것도 이러한 경종 제거 계획 속에서 나온 것으로 이해했습니다. 이 사건으로 노론의 대다수 인물이 화를 입었습니다.

탕평책_ 조선 후기에 영조가 당파에 관계없이 인재를 등용하고자 실시했던 제도입니다. 이러한 노력에도 뿌리 깊은 당파의 대립은 그 기세가 꺾이지 않았고, 사도세자 사건을 계기로 시파와 벽파로 나뉘었습니다.

홍문관 응교(학자 양성과 학문 연구를 맡아보던 정4품 벼슬)로 있던 유언호는 흑산도로 유배를 갔고, 사간원 정언(부당한 왕명, 교지에 대해 공개적으로 논박하는 봉박이나 왕의 잘못을 비판하는 간쟁을 하던 정6품 벼슬)이었던 황승원 역시 노론으로 몰려 유배를 가야 했습니다. 이처럼 가까운 벗들이 당쟁에 휘말려 잇달아 죽거나 유배당하는 것을 보아 온 박지원에게 벼슬살이는 삶을 위태롭게 하는 것일 뿐, 삶을 윤택하게 하는 것이 아니었습니다.

실망에 빠져 현실로부터 멀어지려 한 선비 박지원은 상식과 원칙이 통하지 않는 세상에서 견디기 힘든 상처를 입고 울화병과 우울증까지 앓게 되었습니다. 우울증을 고치기 위해 민옹이라는 우스갯소리를 잘하는 사람을 초대하여 한바탕 웃어 보기도 했지만, 우울증이 그렇게 쉽게 고쳐지는 병은 아니지요. 세상이 달라지지 않는 한 박지원의 마음 깊은 곳에서 자라고 있는 병은 사라질 수 없었습니다. 그런 박지원이었기에 벼슬자리에 욕심을 내고 권력을 탐하는 것은 그의 성정에 맞지 않았습니다.

박지원은 기회만 되면 세상으로부터 멀어져 자연 속에서 책을 읽고 사색을 즐기려 했습니다.

과거를 포기한 박지원은 세상을 피해 조용히 숨어 살기로 마음먹었습니다. 다행히 백동수와 함께 개성 근처를 유람하다가 연암골이라는 살기 좋은 마을을 발견했습니다. 언덕은 평평하고 산기슭은 수려했으며 바위는 희고 모래는 깨끗한 데다 시냇물은 속이 훤히 보일 정도로 맑았고 잡초 우거진 빈터가 널찍하여 집을 지어 살 만한 곳이었지요. 박지원은 마침내 그곳에 은거하기로 결심했습니다. 연암골이 얼마나 마음에 들었는지 '연암'이라는 호도 이 마을의 이름에서 따올 정도였습니다.

과거를 포기하니 자유로운 생활도 가능해졌습니다. 박지원은 홀가분한 마음으로 우리나라 명승지들을 두루 다녔습니다. 북으로는 개성과 평양을 거쳐 묘향산까지 유람했고, 남으로는 가야산, 속리산, 화양동, 단양 등지를 여행했습니다. 박지원은 이 여행에 대해 아들 박종채에게 이렇게 이야기했습니다.

"나는 과거를 일찍 그만두어 마음이 한가하고 거리낌이 없었단다. 그래서 산수 유람을 많이 했지."

하지만 슬픈 일이 또다시 박지원을 찾아왔습니다. 1771년에 큰누나가 마흔세 살의 나이로 세상을 떠난 것입니다. 언제나 어머니처럼 온화하게 박지원을 보살펴 주던 누나였기에 박지원의 슬픔은 이루 말할 수 없었습니다. 출가한 뒤에도 가난과 병으로 고생만 하다 세상을 떠난 누나의 상여를 바라보며 박지원은 애절한 비문을 남겼습니다.

아아! 누님이 시집가는 날 새벽에 단장하던 일이 어제인 듯하다. 나는 그때 여덟 살이었다. 버릇없이 드러누워 말처럼 뒹굴면서 신랑의 말투를 흉내 내어 더듬거리며 말했더니, 누님이 수줍어하다가 그만 빗을 내 이마에 떨어뜨렸다. 나는 성이 나서 분가루에 먹물을 섞고 거울에 침을 뱉어 댔다. 그러자 누님은 옥압(오리 모양으로 새긴 옥비녀)과 금봉(금으로 벌 모양을 만들어 여자의 머리에 꽂는 장식)을 꺼내 주며 울음을 그치라고 달랬다. 그때로부터 스물여덟 해가 되었구나!

〈큰 누님을 사별하고〉 중에서

박지원은 상여가 멀리 떠나가는 모습을 보며 문득 누나 앞에서 버릇없이 굴던 때를 떠올렸습니다. 상여를 실은 배가 멀리 사라지자 박지원은 "강가의 먼 산들은 검푸르러 누님의 쪽 찐 머리 같고, 강물 빛은 거울 같고, 새벽달은 누님의 고운 눈썹 같다."며 산과 강물, 새벽달을 보며 누나의 모습을 떠올렸습니다. 그러고는 마지막으로 이런 애절한 구절을 덧붙였습니다.

떠나는 이 다시 오마 간곡히 다짐해도
보내는 이 눈물로 옷깃을 적실 텐데
조각배 이제 가면 언제나 돌아오나
보내는 이 헛되이 언덕 위로 돌아가네.

큰누나의 죽음을 두고 지은 〈큰 누님을 사별하고〉라는 비문은 지금도 가장 애절하고 감동적인 명문으로 인정받고 있습니다.

벗들과 새로운 세상을 꿈꾸다

연암골에 들어가기 전 박지원은 한동안 서울의 전동(지금의 종로구 견지동)에 혼자 머물렀습니다. 이때 홍대용, 정철조, 이덕무, 유득공, 박제가, 이서구 등과 친밀하게 교제하면서 사상을 발전시키고 문학을 심화시켰습니다.

홍대용은 박지원보다 여섯 살 위였는데 학문이 매우 깊었습니다. 특히 지구가 둥글고 움직인다는 학설을 조선에서 처음으로 주장했습니다. 그때까지 많은 사람들은 지구가 평평하여 사방에 끝이 있고 그 중심에 중국이 있다고 여겼습니다. 지구가 둥글고 움직인다는 홍대용의 주장은 이런 중국 중심적 생각에 엄청난 충격을 주었습니다. 세상에는 중심이 따로 없기에 지금 내가 사는 곳이 소중하다는 생각을 하는 데 결정적인 도움을 준 셈이니까요.

이덕무는 박지원 집안과 인척 관계였습니다. 서얼이던 이덕무는 1766년 백탑 근처 대사동(지금의 인사동)으로 이사 오면서 같은 신분인 유득공, 유금, 이희경, 서상수, 백동수 등과 가까이 지냈습니다.

양반 이서구도 한동네에 살던 이덕무에게 학문을 배우면서 이들과 어울리게 되었습니다. 이들은 모두 원각사지 십층 석탑 주위에 모여 살았습니다. 이 탑은 흰 대리석으로 만들어져 '백탑'이라 불리기도 했습니다.

박지원은 1768년 백탑 부근으로 이사를 왔습니다. 그는 연암골로 들어갈 때까지 십여 년간 백탑 주위에서 벗이자 제자인 이들과 활발하게 교유했습니다. 사람들은 박지원을 중심으로 모인 이 모임을 '연암 모임', '백탑파', '북학파'라 불렀습니다.

홍대용, 박제가 등이 참여하면서 백탑파는 조선 후기 북학파로 불리던 진보적인 지식인들의 대표적 모임이 되었지요. 이들은 함께 모여서 세상의 이치를 논하고, 급격하게 변해 가는 정세에 대해 이야기를 나누었습니다.

이들은 당파나 신분에 연연하지 않고 참다운 우정을 나누었습니다. 문학 창작뿐만 아니라 음악 연주와 감상, 서화와 골동품 감상 등 폭넓은 예술 활동을 함께 했습니다. 이들의 가장 큰 특징은 '북학파'라고 불린 데서도 짐작할 수 있듯이 청나라에 대한 태도가 남들과 많이 달랐다는 점입니다.

이들은 청나라의 선진 문물 가운데 배울 것은 적극적으로 배워야 한다고 주장하고 실천했습니다. 당시 많은 사대부들이 청나라를 원수로만 생각했던 것과는 매우 다른 태도였지요.

사대부들에게 청나라는 중화 문명을 계승한 명나라를 멸망시켰다는 점과 중화 문명을 받들고 있는 조선을 침략하여 조선 왕에게 참을 수 없는 굴욕을 주었다는 점에서 용서할 수 없는 나라였습니다. 이런 생각을 바탕으로 청나라를 공격하자고 주장한 무리가 바로 북벌론자들입니다.

박지원을 중심으로 한 북학파는 이런 북벌론자들의 생각과 정반대의 주장을 하면서 청나라의 선진 문물이 소개된 책을 두루 읽었습니다. 또한 선진 문물을 접할 수 있는 중국 여행을 간절히 원했습니다.

이 무렵 박지원은 '옛것을 본받되 새롭게 창조하자.'는 뜻의 '법고창신'이라는 독창적인 문학론을 펼쳤습니다. 당시 조선에는 중국의 고전을 겉으로만 모방하는 경향이 있는가

하면, 그에 대한 반작용으로 새로운 유행을 무분별하게 좇는 경향도 있었습니다.

박지원은 두 경향을 모두 극단적인 것이라고 비판했습니다. 그 결과 겉으로만 고전을 모방하지 말고 참 정신을 본받아 오늘날의 현실을 참되게 그린 문학을 창조해야 한다는 이론을 펼친 것입니다. 하지만 이런 주장은 많은 사람들에게 비판받았습니다. 전통이란 그렇게 쉽게 바뀌는 게 아니므로 박지원의 행동은 많은 사람들에게 거부감을 불러일으켰습니다.

박지원과 교유하던 이서구에게는 이런 일도 있었습니다. 어느 날 이서구가 자신의 문집인 《녹천관집》을 들고 와 박지원에게 하소연했습니다.

제가 글을 지은 지가 겨우 몇 해밖에 되지 않으나, 남들의 노여움을 산 적이 많습니다. 말이 조금이라도 새롭거나 한 글자라도 남다른 글자를 쓰면, 사람들은 그때마다 "옛글에도 이런 것이 있느냐?"고 따집니다. 아니라고 답하면 "그런데 어찌 감히 이렇게 하느냐!"며 발끈 화를 냅니다. 아! 옛글에 이런 것이 있었다면 제가 어찌 시를 쓸 필요가 있겠습니까. 부디 선생님께서 판정해 주십시오.

<비슷한 것은 참이 아니다> 중에서

이서구의 말은 옛글을 그대로 흉내 내지 않고 자기 식으로 새로운 것을 추구하려 했다는 뜻을 담고 있습니다. 이서구의 말을 들은 박지원은 이렇게 대답했습니다.

자네는 아직 나이가 어리니, 남들이 노여워하면 공경하는 태도로 이렇게 사과하게나. "널리 배우지 못하여 옛글을 미처 살펴보지 못했습니다." 그래도 남들이 노여움을 풀지 않거든 조심스럽게 이렇게 말하게나. "《서경》과 《시경》도 하나라, 은나라, 주나라에서 유행하던 문장이었습니다. 승상 이사와 우군 왕희지의 글씨도 진(秦)나라와 진(晉)나라의 글씨였습니다."라고 말이야.

<비슷한 것은 참이 아니다> 중에서

이사_ 중국 진나라의 정치가. 시황제와 함께 의약, 농업 등의 실용 서적을 제외한 모든 서적을 불태우고 유학자를 생매장한 분서갱유를 단행했습니다.

조선 사람들이 절대 불변의 기준으로 받드는 중국의 고문들도 그것이 쓰인 시대에는 통속적인 글이었습니다. 조선 사람들도 조선 현실에 충실한 문학을 해야 하는 것은 너무나 당연한 일이었습니다. 박지원은 어느 누구도 흉내 내지 않고 자기 식으로 글을 쓰려고 노력한 이서구를 이렇게 칭찬하고 또 위로했습니다. 박지원의 이런 주장은 후에 '조선주의'라고 일컬어질 정도로 매우 중요한 이론으로 평가되었습니다.

남을 흉내 내어 겉만 비슷하게 하는 것은 참이 아닙니다. 비슷한 것은 남의 겉만 따른 것입니다. 수박을 겉만 핥고 후추를 통째로 삼키는 사람은 맛을 이야기할 자격이 없으며, 이웃 사람의 담비 털옷이 부럽다고 한여름에 빌려 입는 사람과는 계절에 관해 이야기할 수 없습니다. 그렇게 볼 때 비슷한 것은 가짜이기도 합니다.

> 왕희지_ 중국 진나라의 서예가이며 '왕우군'이라고도 합니다. 서예에 뛰어나 '서성(書聖)'이라고 불렸습니다. 처음에는 서진의 여성 서예가인 위 부인에게 글씨를 배웠고, 후에 한나라와 위나라의 비문을 연구하여 해서, 행서, 초서의 서체를 예술적 경지로 끌어올렸다는 평가를 받았습니다.

"참 모습, 참 소리를 내라.", "조선 사람은 지금 조선의 시를 쓰라."

이것이 박지원이 이서구에게 주문한 것이었습니다. 박지원이 주장한 문학의 정체성은 그 시대는 물론 오늘날까지 글 쓰는 사람들이 꼭 가져야 할 자세로 받들어지고 있습니다.

연암골로 들어가다

절친한 벗인 유언호는 평소 박지원의 주장이 권력가의 비위를 거스르는 과격한 내용이 많아 그들로부터 보복을 받을 것 같다며 늘 주의를 주었습니다. 특히 박지원이 당시 국정을 좌우하던 세도가 홍국영에게도 비판적인 말을 서슴지 않는 것을 보며, 홍국영을 따르는 무리가 언젠가는 박지원을 해치지 않을까 염려했습니다.

1777년에 스승이면서 장인인 이보천이 세상을 떠나자 박지원은 점점 옥죄어 오던 홍국영의 박해를 피해 장인의 시골집에 머물던 가족을 데리고 연암골로 떠났습니다.

연암골은 개성에서 동북 쪽으로 삼십 리쯤 떨어진 곳이었습니다. 박지원은 연암골에서 젊은 선비들을 가르치는 한편 생각을 정리하고 글을 썼습니다. 그 무렵 전라도 태안 현감

으로 나가 있던 홍대용이 박지원을 잊지 않고 위문편지를
보내오곤 했습니다.

박지원이 연암골로 떠나자 유언호도 연암골에서 가까운
개성으로 거처를 옮겼습니다. 유언호는 개성 유수로 부임한
즉시 연암골로 박지원을 찾아가 살아갈 방도를 마련해 주
고, 개성 읍내에도 거처할 곳을 마련해 주었습니다. 개성의
선비들은 그 소식을 듣고 뛸 듯이 기뻐하며 박지원을 찾아
와 가르침을 청했습니다.

하루는 유언호가 조정에 들어갔는데, 마침 홍국영도 와
있었습니다. 이런저런 이야기를 하던 조정 대신들은 선비들
의 문장에 대해 의견을 나누기 시작했습니다. 박지원을 홍
국영의 관심에서 멀어지게 할 좋은 기회라 판단한 유언호는
은근한 미소를 지으며 큰소리로 말했습니다.

"사람이 잘되고 못 되는 것은 참 알 수 없는 일입니다. 박
지원이란 사람, 얼마나 큰 기대를 받았습니까? 그런데 제가
개성에서 소문을 들으니 박지원이 가족을 이끌고 떠돌이 생
활을 하다가 부잣집에 눌러앉아 조무래기들을 가르치는 훈
장 노릇을 하며 겨우 살아가고 있다더군요."

홍국영은 껄껄 웃으며 기세 좋게 한마디 했습니다.

"하하, 그 사람 참 형편없이 되었네그려. 이제 박지원은 이야기할 가치도 없는 사람이 되었어."

유언호는 박지원을 찾아가 홍국영의 말을 전하며 안심시켰습니다.

"이제야 자네가 화를 면하게 되었네."

유언호는 이렇게 변치 않는 마음으로 박지원이 어려움을 겪을 때마다 앞장서서 도와주었습니다. 그러나 박지원에 대한 세상 사람들의 비방은 갈수록 심해졌습니다. 원래 박지원의 능력을 질투하고 시기하는 사람이 있는가 하면, 권력가에게 아첨하느라 박지원을 깎아내리는 사람도 있었습니다. 심지어 박지원과 알고 지낸 것을 꺼림칙하게 여겨 일부러 나서서 박지원을 욕하는 사람도 있었습니다. 이런 사람들은 이러쿵저러쿵 쉬지 않고 박지원을 헐뜯었습니다. 북경 점쟁이가 예언한 대로 박지원은 끝없는 비방에 시달려야 했습니다.

유언호가 박지원을 위해 마련해 준 거처는 개성의 금학동에 있었습니다. 그가 이곳에 거처를 마련해 준 것은 무엇보다 개성에 사는 선비들이 박지원을 스승 삼아 그의 높은 학문을 배우길 바라는 마음에서였습니다. 개성은 고려의 도읍

지였으나 조선이 건국되고 난 뒤 버려진 땅으로 여겨졌습니다. 주민들은 대개 장사를 하면서 생계를 이어 나갔지요. 학문에 뜻을 둔 사람이라도 이렇다 할 지도를 받지 못하여 공부라곤 과거 준비밖에 몰랐습니다.

박지원이 금학동에 살게 되자 이현겸, 이행작, 양상회, 한석호 같은 선비들이 날마다 찾아와 배움을 청했습니다. 박지원은 선비들에게 이렇게 말했습니다.

"자네들이 책을 읽는 데 부지런하지 않은 것은 아니지만, 글의 뜻과 이치를 깊이 파고들지 못하는 것은 과거 시험을 위한 글만 익힌 버릇 때문이네. 과거 공부는 종이에 쓰인 글을 입으로 소리 내어 읽으며 외울 따름이지. 하지만 이제는 종이와 입을 벗어나 스스로 글을 음미하고 깊이 사색해야 할 것이네."

개성의 선비들은 박지원의 가르침을 듣고서야 비로소 과거 공부 이외에 문장 공부가 있고, 문장 공부 위에 학문이 있다는 것을 깨달았습니다. 그리고 학문의 즐거움도 알게 되었습니다.

유언호가 개성 유수를 그만두자 박지원은 다시 연암골로 돌아갔습니다. 유언호는 박지원이 생계를 꾸려 가지 못할까 걱정하여 칙수전(중국 사신을 접대하기 위해 준비해 놓은 관가의 돈) 1천 냥을 박지원에게 주었습니다. 언젠가 중국 사신이 오면 자기가 그 돈을 갚을 생각이었지요. 유언호가 떠난 뒤 개성 선비들이 모여 의논했습니다.

"우리들이 박 공과 함께 지낼 수 있었던 것은 참 영광스럽고 다행한 일이었네. 그동안 가르침을 주셨지만 박 공께서는 지금까지 한 번도 재물을 요구한 적이 없으셨지. 물건으로 예의를 표시하고 싶었으나 차마 말씀드리지 못했네. 이제 우리의 작은 정성을 표시할 수 있게 되었네."

그러고는 각자 조금씩 돈을 내놓아 칙수전을 모두 갚았습니다. 개성 선비들은 박지원이 연암골을 떠나는 날에야 비로소 그 사실을 이야기했는데, 박지원은 가만히 듣고만 있었습니다.

얼마 후 박지원은 안의 현감으로 부임해 가서 첫 녹봉을 받자 그 돈을 모두 갚았습니다. 이 사실을 까맣게 잊고 있던 개성 선비들은 무척 놀랐습니다. 남에게 폐를 끼치지 않으려는 박지원의 행동에 탄복한 개성 선비들은, 박지원의 풍모와 덕을 잊을 수 없어 다시 약간의 돈을 모아 친목회를 만들었습니다. 그리고 이제까지의 일을 돌에 새겼지요.

연암골로 돌아온 박지원은 한가롭게 지내며 고요히 앉아 사물의 이치를 생각하고 관찰했습니다. 그러느라 종일토록 방에서 나오지 않는 날도 있었습니다. 아무 말 없이 오랫동안 사물을 바라보기도 했지요.

'비록 지극히 작은 사물, 이를테면 풀이나 꽃, 새와 벌레 같은 것도 모두 지극한 경지를 지니고 있다. 그러므로 이들에게서 하늘이 주신 오묘한 진리를 엿볼 수 있다.'

박지원은 이렇듯 사물을 관찰하고 이치를 성찰하는 것을 중요하게 여겼습니다. 시냇가 바위에 앉아 있기도 하고, 나직이 시를 읊조리며 느릿느릿 산책하다가 갑자기 모든 것을 잊은 것처럼 멍하니 서 있기도 했습니다. 그러다가 묘한 생각이 떠오르면 반드시 기록해 두었습니다. 종이를 아끼기 위해 깨알같이 작은 글씨로 기록한 종잇조각이 상자에 가득 찰 정도였습니다.

박지원은 그 기록들을 무척 소중히 간직하면서 훗날 다시 고치고 다듬어 책으로 묶어야겠다고 다짐했습니다. 그러나 벼슬을 그만두고 한가롭게 지내던 어느 날, 종잇조각을 꺼내 본 박지원은 자신이 쓴 글씨를 알아볼 수 없었습니다. 나이가 들어 눈이 많이 어두워진 탓이었습니다. 박지원은 슬

피 탄식하며 말했습니다.

"안타깝다! 벼슬살이 10여 년에 좋은 책 하나를 잃어버리고 말았구나."

그러고는 세상에 도움도 되지 않고 사람 마음만 어지럽힐 것이라며 그 원고들을 세초(글 쓴 종이를 물에 헹구어 먹물을 빼는 일, 즉 글을 없애 버리는 것)해 버리고 말았습니다.

열하일기 여정도

열하
고북규
거용관
만리장성
금주
영원주
옥전
슈
풍윤
영평
산해관
연경 (북청)

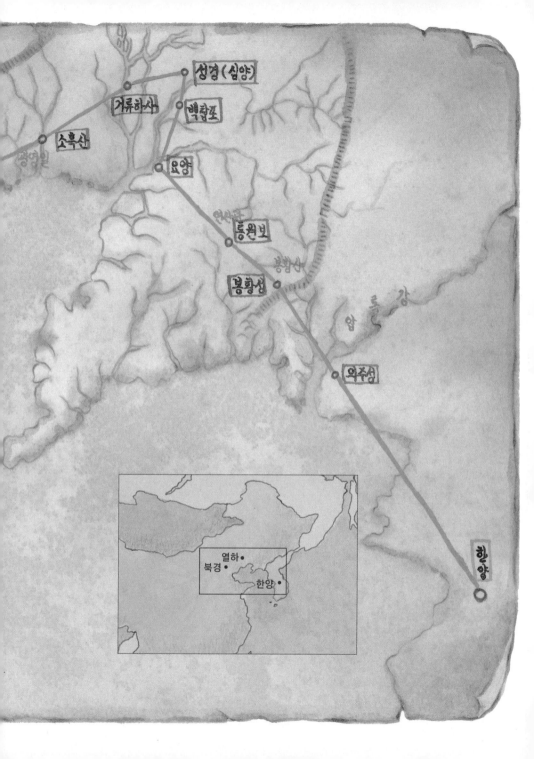

최고의 기행문《열하일기》를 쓰다

1780년 박지원은 2년에 걸친 연암골 생활을 마치고 한양으로 돌아왔습니다. 홍국영이 세력을 잃어 화근은 사라졌지만 벗들이 거의 세상을 떠난 뒤여서 한양의 분위기는 옛날 같지 않고 답답하기만 했습니다. 다시 먼 곳으로 떠났으면 하는 생각이 간절했지요.

박지원의 이런 마음을 하늘이 알아준 것일까요? 일생에 한 번 올까 말까 한 중국 여행의 기회가 찾아왔습니다. 팔촌 형인 박명원이 청나라 건륭제의 칠순 생일을 축하하는 사절단의 대표로 북경에 가게 되었는데, 박지원이 박명원의 개

건륭제(1711~1799)_ 청나라의 제6대 황제로, 중국 역사상 가장 오랫동안 황제 자리에 있었습니다. 영토를 넓히고 중국의 남동부 지역에서 청나라의 기반을 튼튼히 다진 위대한 군주로 평가받습니다.

인 수행원 자격으로 함께 가게 된 것이지요.

음력 5월에 길을 떠난 사절단은 6월에 압록강을 건넌 뒤 요동 벌판을 지났습니다. 요동 벌판은 넓고 넓어 사방을 둘러봐도 지평선만 보였습니다. 광활한 요동 벌판을 본 박지원은 그 감격을 〈통곡하기 좋은 장소〉라는 글에서 표현했습니다.

갓난아기는 태어나자마자 통곡을 한다. 갓난아기는 어떤 감정을 느꼈기에 그렇게 우는 것일까? 아기가 어머니 태중에 있을 때에는 어둠 속에서 얽매이고 짓눌린다. 그러다 하루아침에 드넓은 데로 나와 손을 펴고 다리를 뻗게 되어 정신이 시원스레 트이니, 어찌 참된 목소리를 내질러서 감정을 남김 없이 한바탕 쏟아 내지 않으리오!

나도 그 꾸밈없는 갓난아기의 울음소리를 본받고 싶다. 비로봉 꼭대기에 올라 동해를 바라보며 그곳을 통곡 장소로 삼을 만하고, 장연 금사산에 가서 그곳을 통곡 장소로 삼을 만하다. 이제 요동 벌판을 바라보니, 여기서부터 산해관까지는 일천이백 리나 되는데 사방 어느 곳이든 산 한 점 없으며, 하늘가와 땅끝이 풀로 붙인 듯 실로 꿰맨 듯 맞닿아 있고, 예나 지금이나 비 뿌리고 구름 피어나는 가운데 오직 끝없이 아득할 뿐이니, 이곳을 통곡 장소로 삼을 만하다.

〈통곡하기 좋은 장소〉 중에서

　요동 벌판에 서니 그제야 중국 땅을 밟고 있다는 사실이 실감나게 다가왔습니다. 박지원은 일찍부터 조선의 뒤떨어진 현실을 개혁하기 위해 청나라의 선진 문물을 연구해 온 터라 그 감격이 남달랐습니다. 요동 벌판처럼 한없이 드넓은 세계로 나선 해방의 기쁨은 통곡으로밖에 달리 표현할 수 없었습니다.

　7월에는 산해관을 거쳐 옥전현이라는 곳에서 하룻밤을 묵었습니다. 그곳에서 한 가게를 구경하던 박지원은 재미난 글을 발견했습니다. 호랑이가 늙은 선비와 과부를 꾸짖는 내용으로, 무척 재미있고 신선한 글이었습니다. 박지원은 그것을 바탕으로 소설을 썼는데, 바로 〈호질〉입니다.

　박지원은 북경까지 가는 동안 중국의 집과 성, 다리를 자세히 관찰했습니다. 모든 건축물이 똑같은 크기의 벽돌로 만들어진 것을 발견하고는 크게 감탄했습니다. 민가에서 담을 쌓을 때 깨진 기와 조각을 둘씩 짝을 지어 물결무늬를 만들거나 네 조각을 모아 쇠사슬 모양으로 만들어 사용하는 것과 사람 똥이나 말똥 같은 온갖 똥을 모아 네모반듯하게 쌓아 알맞게 활용하는 모습을 보고는 크게 놀랐습니다. 그 장면이 얼마나 인상적이었던지 "중국에서 본 여러 풍경 가운데 가장 기억에 남는 장관은 저 기와 조각과 똥 덩어리다."라고 말할 정도였습니다. 박지원은 비록 오랑캐인 청나라의 것이라도 백성들에게 이익이 된다면 이런 기술과 생활 자세는 마땅히 배워야 한다고 주장했습니다.

8월 초 드디어 꿈에 그리던 북경에 도착했습니다. 그러나 기대는 잠시뿐, 황제는 북경에서 7백 리 떨어진 열하에 머물고 있었습니다. 황제는 생일 축하연을 열하에서 거행하니 조선 사절단도 참석하라는 명을 내렸습니다. 쉬지도 못하고 다시 머나먼 길을 떠나려니 난감했지만, 조선 사신 중 누구도 불평을 터뜨리지 않았습니다. 한 번도 가 본 적 없는 열하에 가게 된 것만도 큰 행운이었으니까요.

열하로 가는 길은 지금까지 온 길과 비교되지 않을 만큼 험했습니다. 특히 만리장성을 지키는 관문인 고북구를 지날 때는 큰 고생을 했습니다. 사절단은 황제가 정한 날에 늦지 않기 위해 하룻밤에 아홉 번이나 강을 건널 정도로 강행군

을 해야 했지요. 〈하룻밤에 아홉 번 강을 건너며〉는 그때의
고생이 어떠했는지 생생하게 보여 주는 글입니다.

　내가 처음 요동에 들어섰을 때 바야흐로 한여름이라 뙤
약볕 속을 가는데, 갑자기 큰 강이 앞을 가로막으면서 시뻘
건 물결이 산더미같이 일어나 끝이 보이지 않았다. 이는 아
마 천 리 너머 먼 지역에 폭우가 내린 때문일 터이다.
　강물을 건널 적에 사람들이 모두 고개를 쳐들고 하늘을
보기에, 나는 그 사람들이 고개를 쳐들고 하늘을 향해 속으
로 기도를 드리나 보다 하였다. 그런데 한참 있다가 안 사
실이지만, 강을 건너는 사람이 물을 내려다보면 물이 소용
돌이치고 용솟음치니 몸은 물살을 거슬러 올라가는 듯하고
눈길은 물살을 따라 흘러가는 듯하여 곧 어지럼증이 나서
물에 빠지게 된다. 그러니 저 사람들이 고개를 쳐든 것은
하늘에 기도를 드리는 것이 아니요, 물을 외면하고 보지 않
으려는 것일 뿐이다. 또한 잠깐 새에 목숨이 왔다 갔다 하
는 판인데 어느 겨를에 속으로 목숨을 빌었겠는가.
　이처럼 위태로운데도 강물 소리를 듣지 못하였다. 요동
벌판이 평평하고 드넓기 때문에 강물이 거세게 소리를 내

지 않는다고 모두 말한다. 그러나 이는 강에 대해 잘 모르고 하는 말이다. 요하(遼河)가 소리를 내지 않은 적이 없건만, 단지 밤중에 건너지 않아서 그랬을 뿐이다. 낮에는 물을 살펴볼 수 있는 까닭에 눈이 오로지 위태로운 데로 쏠리어 한창 벌벌 떨면서 두 눈이 있음을 도리어 우환으로 여기는 터에, 어디서 소리가 들렸겠는가? 그런데 나는 밤중에 강을 건너기에 눈으로 위태로움을 살펴보지 못하니, 위태로움이 오로지 듣는 데로 쏠리어 귀로 인해 한창 벌벌 떨면서 걱정을 금할 수 없었다.

나는 마침내 도를 깨달았도다! 마음을 차분히 다스린 사람에게는 귀와 눈이 누를 끼치지 못하지만, 제 귀와 눈만 믿는 사람에게는 보고 듣는 것이 자세하면 할수록 병폐가 되는 법이다.

방금 마부가 말에게 발을 밟혀 뒤따라오는 수레에 태웠다. 그리고 나서 말의 굴레를 풀어 강물에 둥둥 뜨게 한 채로, 두 무릎을 바짝 오그리고 발을 모아 말 안장 위에 앉았다. 한 번 떨어지면 바로 강이다. 나는 강을 대지처럼 여기고, 내 옷처럼 여기고, 내 몸처럼 여기고, 내 성정처럼 여기었다. 그리하여 마음속으로 떨어질 것을 각오하자, 귓속에서 마침내 강물 소리가 사라졌다. 그리고 무려 아홉 번이나 강을 건너는데도 아무런 걱정이 없어, 마치 방에서 앉거나 누워서 지내는 듯하였다.

옛날 우 임금이 배를 타고 강을 건너는데, 누런 용이 나타나 몹시 위험해졌다. 그러나 죽고 사는 문제에 대한 판단이 마음속에 분명해지자, 용이든 지렁이든 그의 앞에서는 크고 작은 것을 논할 것이 못 되었다.

소리와 빛깔은 나의 외부에 있는 사물이다. 이러한 외부의 사물이 귀와 눈에 누를 끼쳐 올바르게 보고 듣는 것을 그르치게 한다. 그런데 하물며 사람이 이 세상을 살아가는 것은 강을 건너는 것보다 훨씬 더 위험할 뿐 아니라, 보고 듣는 것이 수시로 병폐가 되지 않겠는가!

나는 장차 산중으로 돌아가 계곡의 물소리를 다시 들으며 이와 같은 깨달음을 검증하고, 아울러 처신에 능란하여 제 귀와 눈의 총명함만 믿는 사람들에게도 경고하련다.

〈하룻밤에 아홉 번 강을 건너며〉 중에서

박지원은 힘들고 위태로운 상황에서 아주 소중한 깨달음을 얻었지요. 사람이 눈으로 보고 귀로 듣는 것이 실제로는 정확하지 않다는 것입니다. 사람은 자기 마음 상태에 따라 빛깔을 보고 소리를 듣는 경향이 있는데, 그것은 세상의 진실에서 먼 것이라는 깨달음이지요. 소리와 빛깔은 사람의 밖에 있는 것입니다. 밖에 있는 소리와 빛깔이 눈과 귀를 혼란스럽게 만들어 사람이 올바르게 보고 듣지 못하게 한다는 것입니다.

박지원은 강을 건너는 것과 사람의 일생을 연결시켰습니다. 강을 건너는 것과 사람의 일생은 위험하다는 점에서 비슷할 뿐만 아니라 보고 듣는 것에 얽매여 진실을 보고 듣지 못한다는 점에서도 비슷합니다. 진실하게 보고 듣는 것은 어떤 것일지 곰곰이 생각해 보게 됩니다. 무엇보다 선입견이나 편견을 버리라고 박지원은 충고했습니다.

열하에서의 뜨거운 만남

고생 끝에 사절단은 열하에 도착했습니다. 건륭제는 이곳에 거대한 별궁인 피서산장을 세워 놓고 거의 매년 머물렀습니다. 그러다 보니 열하는 북경에 버금가는 정치의 중심지가 되었습니다. 몽골, 티베트, 위구르 등지에서 온 외교 사절들이 황제를 만나러 열하에 왔습니다. 박지원이 도착했을 때 티베트 불교의 지도자인 판첸라마도 와 있었습니다.

열하에 머무르는 동안 박지원은 거의 매일 윤가전, 왕민호 같은 중국 인사들과 만나 역사, 정치, 학술, 문예, 음악, 천문에 이르기까지 다양한 주제로 필담을 나누었습니다. 종이에 글을 써서 대화를 나누는 것을 필담이라 하는데, 서로 말이 통하지 않으니 그런 방법을 쓸 수밖에 없었습니다.

박지원은 중국 인사들과 이야기를 나누며 여러 가지 중요한 정보를 얻었습니다. 우선 청나라의 학풍이 변한 것을 알게 되었는데, 그즈음 중국에서는 글자 하나하나에 집착하여 그 뜻을 따지는 데 골몰하는 고증학이 유행하고 있었습니다.

학자는 세상의 흐름을 파악하면서 세상의 아픔을 가장 먼저 아파하고, 세상의 기쁨을 가장 늦게 즐겨야 합니다. 학자는 아주 작은 일을 철저히 파헤쳐 옳고 그른 것을 따질 수 있어야 하지만, 때로는 그리고 결국에는 세상의 형편을 큰 안목에서 살펴보아야 합니다.

고증학이 올바른 길로 나아가려면 아주 작은 진실을 밝혀 큰일을 도모하는 쪽으로 나아가야 했습니다. 하지만 고증학에 빠진 학자 대부분은 일생을 문자를 해석하는 작은 일에만 매달려 있었습니다. 박지원은 고증학의 엄밀함에 대해 한편으로는 놀라워하고 흠모하면서도 다른 한편으로는 걱정을 했습니다.

박지원은 압록강을 건너 북경과 열하에 이르기까지 길에서 만난 많은 사람, 그리고 열하에서 만난 중국 지식인들과 대화를 나누면서 청나라의 대외 민족 정책을 꿰뚫어 보게 되었습니다.

중국 변방 민족인 만주족이 중국 대륙 전체를 통일하여

세운 나라가 청나라입니다. 그러다 보니 통일 이후에도 중
국 정통 민족인 한족은 물론 다른 소수 민족들의 반란을 억
제하고 진압해야 했지요. 그것은 여간 거북한 일이 아니었
습니다. 그 무렵 청나라의 가장 큰 골칫거리는 북쪽 몽골이
었습니다. 강희제가 몽골을 무찌르기는 했지만 안심할 단계
는 아니었지요. 청나라는 몽골의 코밑에 위치한 열하에 피
서산장이라는 궁궐을 지어 황제가 정기적으로 머물며 통치

활동을 했습니다. 피서산장은 청나라 황제가 몽골 여러 부족과 교류하며 신뢰를 쌓을 뿐 아니라 그들의 움직임을 살피기 위한 곳이기도 했습니다. 조선 사절단이 만나러 간 건륭제는 대개 6월이나 7월에 북경을 떠나 8월이나 9월까지 열하에 머물다 북경으로 돌아오곤 했습니다. 박지원은 이런 전략을 '오랑캐로써 오랑캐를 방비하는 것'이라고 파악했고, 이런 모습을 목격하면서 냉철한 국제 정치의 흐름을 포

착했습니다.

　지금 중국의 형세를 살펴보면 그들(중국)이 가장 두려워하는 대상은 몽골이지, 다른 오랑캐는 말할 것이 못 됨은 무슨 까닭인가? 강하고 사납기로만 친다면 서번(티베트)이나 회회국(아라비아)만 한 종족도 없겠지만, 그들의 문물이나 법률 제도는 도저히 중국과 겨룰 수가 없다. 다만 몽골은 중국과 백 리도 안 되게 붙어 있고, 가깝게는 흉노와 돌궐의 통치에서 멀리는 거란에 이르기까지 큰 나라의 영향 아래 있었다.

　중국이 한번 요동을 쳐서 민초들이 바람처럼 들고일어난다면, 유연이나 유총 같은 무리가 그 속에 섞여 있지 않으리라고 누가 장담하겠는가? 내가 우연히 본 것만도 몇 사람이 되거늘, 하물며 내가 만나 보지 않은 사람이야 몇 명인지 알 수도 없음에랴.

　이참에 열하의 지세를 살펴보니 열하는 중국의 정수리(두뇌)에 해당하는 지역이다. 황제가 북으로 열하에 연이어 가는 것은 다른 이유가 없다. 정수리를 깔고 앉아 몽골의 숨통을 조이려는 것일 뿐이다. 그렇게 하지 않았다면 몽골은 벌써 매일같이 출몰하여 요동을 흔들어 놓았을 것이다. 요동 지방이 한번 흔들리면 중국의 왼팔이 잘려 나가는 것이다. 중국의 왼팔이 잘려 나가면 중국의 오른팔인 청해성 지방만으로 움직일 수 없을 것이다. 그렇게 되면 내가 본 서번 지방의 여러 오랑캐들이 슬슬 나오기 시작하여 감숙성과 섬서성 지방을 엿볼 것이다.

〈황교문답〉 중에서

이렇게 박지원은 큰 안목으로 나라 사이의 관계를 꿰뚫어 보고 청나라의 속셈을 알아차렸습니다. 강희제, 옹정제, 건륭제는 18세기 청나라의 전성기를 이끈 황제입니다. 그중 강희제는 청나라의 네 번째 황제로 60여 년 동안 뛰어난 지도력을 발휘했는데, 특히 티베트와 외몽골을 치고 다스리는 데 많은 공을 들였습니다. 청나라는 중앙아시아를 지배하기 위해 중가르 몽골과 대립하고 있었습니다. 한편 중가르 몽골은 몽골 전체에 대한 주도권을 차지하기 위해 할하 몽골과 다투고 있었지요. 강희제는 할하 몽골 왕족들을 초청하여 만주족 의복을 선물하는 등 할하 몽골을 적극적으로 포용하면서 중가르 몽골을 견제하였습니다. 할하 왕족들은 선물로 받은 만주족 옷을 입고 몽골의 전통 모자를 쓰고 강희제를 만나러 오곤 했지요. 강희제는 할하 몽골의 칸과 활불(티베트 불교에서 전생에 의하여 출현한다는 라마교의 우두머리)을 초청하여 극진히 대접하기도 하고, 할하 몽골이 티베트 불교를 극진히 믿는 점을 고려하여 티베트 왕을 열하로 초대하여 잘 대접하기도 했습니다.

하지만 티베트 또한 청나라의 골칫거리였습니다. 티베트는 매우 강하고 억센 민족이었는데, 그들은 황교(라마교의 한 종파로 승려들이 법회 때 황색 모자를 써서 '황모파'라고도 함)를 믿었습니다. 청나라는 열하에 황교 사원을 화려하게 꾸며 티베트의 승려들을 초청하는 방법을 써서 그들을 포섭했습니다. 위험한 세력이 될 수 있는 상대를 완전히 끌어안아 버린 것이지요.

박지원은 눈부실 정도로 화려하게 지어진 온갖 궁전과 사원을 보면서 청나라가 진행하고 있는 이민족 지배의 속셈을 꿰뚫어 보았습니다. 청나라를 중심으로 온 세계가 온갖 명분과 책략으로 자국의 이익을 챙기며 작은 국가의 운명을 좌지우지하는 냉엄한 현실을 발견한 것입니다. 박지원은 이런 현실을 심각하게 받아들이지 않은 채 당파와 개인의 권

력을 유지하고 재물을 수탈하는 데만 몰두해 있는 조선 지
배층의 행태가 안타깝게 느껴졌습니다.

　박지원은 윤가전과 왕민호 등 지식인들과 교유하는 과정
에서, 청나라가 중국을 통치하는 것에 대해 한족이 저항 의
식을 갖고 있다는 사실을 알게 되었습니다. 박지원은 그런
움직임에 대해 매우 조심스럽지만 은근한 지지를 보내기도
했습니다. 박지원은 그 외에도 중국인들에게 조선의 수준
높은 문화를 알렸는데, 특히 홍대용이 주장한 지구 자전설
을 소개하여 그들을 놀라게 하기도 했습니다.

옥갑에서의 하룻밤 〈옥갑야화〉

열하에서 7일을 지낸 조선 사절단은 건륭제의 생일 축하 행사에 참석한 뒤 열하를 떠나 북경으로 가는 도중에 옥갑(정확한 위치는 알 수 없음)이라는 곳에서 하룻밤을 묵었습니다. 박지원은 이곳에서 여러 비장(감사, 유수, 수사 등을 따라다니며 일을 돕던 무관)과 둘러앉아 밤새도록 이야기를 나누었습니다. 누군가 먼저 이야기를 시작했습니다.

조선 역관(통역관) 한 사람이 북경 어느 여관에 묵었는데 돌아갈 때가 되자 여관 주인 앞에서 흐느껴 울기 시작했습니다. 주인이 놀라 물으니, 조선을 떠나올 때 중국 물건을 사서 조선에 돌아가 팔려고 남의 돈을 빌려 가져오다가 압록강을 건널 때 발각되어 관청에 모두 빼앗겼다는 것이었습니다.

"이제 빈털터리가 되었으니 돌아간들 어떻게 살아갈 수 있겠습니까?"

역관은 말을 끝내자마자 순식간에 칼을 꺼내 들고 자기 목을 찌르려 했습니다. 여관 주인이 깜짝 놀라 칼을 빼앗으며 물었습니다.

"몰수당한 돈이 대체 얼마입니까?"

"3천 냥이나 됩니다."

여관 주인은 역관을 살리기 위해 만 냥을 빌려 주었습니다. 만 냥을 밑천 삼아 착실히 장사하여 돈을 벌면 본전만 갚으라면서 말이지요.

과연 역관은 그 돈으로 무역을 하여 큰돈을 벌었습니다. 5년 만에 엄청난 부자가 되었지요. 하지만 역관은 여관 주인을 찾아가지도 않고 조선으로 돌아와 버렸습니다. 그 뒤에도 다시는 북경에 가지 않았습니다.

시간이 한참 흐른 뒤, 역관의 친구가 북경으로 가게 되었습니다. 역관은 친구를 불러 부탁했습니다.

"내게 돈을 빌려 준 여관 주인을 만나면 분명 내 안부를 물을 걸세. 그러면 집안 전체가 돌림병에 걸려 죽었다고 전해 주게."

빌린 돈을 갚지 않으려는 속셈이었지요. 여관 주인을 만난 친구는 역관이 부탁한 대로 말을 전했습니다. 그러자 여관 주인은 대성통곡을 하며 말했습니다.

"하늘이시여! 어찌하여 그 착한 사람에게 이토록 혹독한 재앙을 내리십니까?"

그러고는 백 냥을 친구에게 주면서 부탁했습니다.

"처자식이 모두 죽었다니 제사 지내 줄 사람도 없겠군요. 조선으로 돌아가시면 나 대신 오십 냥으로 제사를 지내 주시고, 나머지 오십 냥으로는 나중에 재를 올려 명복을 빌어 주십시오."

죽지도 않은 사람의 제사를 지내 달라며 돈을 주니 친구는 몹시 당황했습니다. 그러나 사실대로 말할 수도 없고 백 냥을 받아 조선으로 돌아올 수밖에 없었지요. 그런데 이게 웬일인가요. 돌아와 보니 역관 집안 사람들이 돌림병에 걸려 모두 죽어 있는 것이 아닙니까. 친구는 여관 주인이 준 돈으로 제사를 지내 주었고, 그 뒤로 다시는 중국에 가지 못했습니다. 여관 주인을 만날 면목이 없었기 때문이지요.

이야기를 다 들은 사람들은 믿음이 얼마나 소중한 것인가를 새삼 느꼈습니다. 사람들은 저마다 자기가 알고 있는 역관에 대해 이야기하기 시작했습니다. 그러다 누군가 역관 홍순언이 겪은 이야기를 꺼냈습니다.

홍순언이 북경을 방문했을 때 기생집에 놀러 갔습니다. 그곳에서 홍순언은 뇌물 사건으로 감옥에 갇힌 아버지의 몸값을 벌려고 기생 노릇을 하는 여인을 만났습니다. 여인의 딱한 사정을 들은 홍순언은 아무런 대가도 바라지 않고 2천 냥을 주었습니다. 그 돈으로 아버지의 목숨을 구한 여인은 후에 석성이라는 벼슬아치의 부인이 되었습니다. 가장 어려울 때 자신을 믿고 도와준 홍순언의 마음에 깊이 감동한 여인은, 홍순언이 베푼 은혜를 잊지 않고 언제든 갚으리라 결심했습니다. 그러던 중 홍순언이 다시 중국을 방문하게 되었습니다. 여인은 홍순언에게 온갖 비단과 금은을 선물하며 은혜에 보답했습니다. 임진왜란이 일어났을 때는 석성이 힘을 써 조선에 명나라의 군대를 보내 주기까지 했습니다. 부인이 입은 은혜를 잊지 않고 있던 석성이 조선 사람을 의롭게 여겼기에 도움을 준 것입니다.

홍순언에 얽힌 이야기가 끝나자, 이번에는 유명한 부자 변승업 이야기가 시작되었습니다. 변승업 이야기를 들은 박지원은 입이 근질거려 그냥 있을 수 없었습니다. 그래서 '허생 이야기'를 하기 시작했습니다. 허생 이야기는 박지원이 지어낸 것은 아니었습니다. 윤영이라는 이야기꾼에게 들은 이야기를 약간 다듬은 것이었지요.

　　뛰어난 작품성을 지닌 것으로 평가받는 《열하일기》의 〈옥갑야화〉에는 옥갑에서 주고받은 이런 재미있는 이야기들이 실려 있습니다. 이 가운데 박지원이 이야기한 것만 따로 떼어 〈허생전〉이라 부릅니다. 이 소설은 북학 사상을 담은 한문 소설로 높이 평가받고 있습니다.

양반의 허위의식을 풍자한 〈허생전〉

허생 이야기는 당시 민간에 널리 퍼져 조선 후기 야담집인
《청구야담》이나 《동야휘집》 등에도 두루 실려 있는데, 박지
원의 〈허생전〉이 단연 뛰어납니다. 〈허생전〉은 허생이라는
선비의 무역 활동을 통해 조선의 경제 구조가 얼마나 허술
한지, 조선 벼슬아치들이 얼마나 무능하고 허례허식만을 중
요하게 여기는지 풍자한 소설입니다.

　허생은 학문에만 전념하며 살아온 양반으로, 글만 읽고
집안을 돌보지 않아 끼니를 잇지 못할 정도로 어려운 형편
이 되고 말았습니다. 그러니 부인도 잔소리를 퍼붓기 시작
했지요. 부인의 성화를 이기지 못한 허생은 어느 날, 장안
최고의 부자인 변 부자를 찾아가 1만 냥을 빌려 달라고 부탁

합니다. 변 부자는 돈을 빌리면서도 비굴한 표정을 짓지 않고 당당한 허생을 보고 선뜻 1만 냥을 빌려 주었습니다. 허생은 이 돈으로 곧바로 장사를 시작했지요. 특정 물건을 한꺼번에 모두 사들여 값을 크게 올린 뒤 되파는 일종의 매점매석을 한 것입니다.

큰 부자가 된 허생은 국제 무역을 하여 또다시 큰돈을 법니다. 그러고는 그 돈으로 변산반도의 도둑들을 모아 무인도로 가서 그들이 모여 살 방도를 마련해 주고는 다시 육지로 나옵니다. 허생은 변 부자에게 이자까지 넉넉히 셈하여 10만 냥을 갚은 뒤 자신의 오두막으로 돌아가 학문에 열중합니다.

그즈음 북벌론을 주도하던 이완 어영대장이 변 부자의 소개로 허생을 찾아옵니다. 이완이 나라에서 어진 인재를 구하는 뜻을 설명하자 허생은 이완에게 세 가지 일을 할 수 있는지 묻습니다.

첫째, 인재를 구하기 위해 임금이 직접 삼고초려할 수 있는가?

둘째, 명나라 장군과 병사의 자손들이 조선으로 망명해 떠돌고 있는데, 그들에게 종실의 딸을 시집보내고, 권력자들의 집을 빼앗아서 그들에게 줄 수 있는가?

셋째, 조선 양반들의 자제를 뽑아 청나라 풍속처럼 변발을 하고 오랑캐의 옷을 입혀 청나라로 보낼 수 있는가?

이완은 모두 따르기 어렵다고 말합니다. 그러자 허생이 화를 버럭 내며 칼로 이완을 찌르려는 시늉을 하지요. 놀란 이완은 뒤도 돌아보지 않고 도망쳤다가 이튿날 다시 허생을 찾아옵니다. 하지만 허생은 이미 어디론가 사라지고 없었습니다.

〈허생전〉은 조선 경제의 취약성을 보여 주면서 동시에 그 문제를 해결하기 위해 나라 경제를 어떻게 이끌어 가야 하는지 보여 줍니다. 그리고 북벌론을 주장하는 조선 벼슬아치들의 무능력과 허위를 비난하고 풍자하지요. 그 와중에 가난한 사람들에 대한 연민과 동정심도 드러납니다. 〈허생전〉은 박지원이 평소에 품고 있던 실사구시(사실에 근거하여 진리를 탐구하려는 태도)의 정신이 허생의 상업 활동을 통해 잘 표현된 작품입니다.

북경의 이모저모 〈황도기략〉

조선 사신 일행은 열하에서 북경으로 돌아와 약 한 달간 머물렀습니다. 애초 목적지가 중국 최고 도시 북경이었기에 박지원은 호기심을 억누르지 못했습니다.

　박지원은 먼저 황제가 사는 자금성을 구경했습니다. 궁궐은 어마어마한 크기였습니다. 불교와 도교 사원, 천주교 성당도 둘러보았습니다. 그동안 북경에 간 조선 선비들은 유교를 받드는 탓에 다른 종교의 사원을 눈여겨보지 않고 돌아오기 일쑤였습니다. 박지원은 "하늘을 빙자하여 사람을 속이는 죄를 범했다."며 천주교를 비난하기는 했지만, 성당의 건축 양식이나 그 안에 그려진 그림, 풍금 등에는 큰 관심을 보였습니다. 특히 성당 내부에 그려진 그림을 눈여겨보았는데, 그가 쓴 글에는 그때 본 그림에 대한 느낌이 재미나게 묘사되어 있습니다.

천장을 우러러보니 수많은 아이들이 오색구름 속에서 뛰노는데, 허공에 주렁주렁 매달려 있는 아이들의 살결은 손으로 만지면 따뜻한 체온이 느껴질 것만 같고, 팔목이며 종아리는 포동포동 살이 쪘다. 구경하는 사람들은 놀라서 눈이 휘둥그레졌고, 그림 속 아이들이 떨어지면 받을 듯이 두 손을 받치고 고개를 젖혔다.

〈황도기략〉 중에서

북경은 박지원에게 놀라움의 연속이었습니다. 한번은 코끼리 우리에 가서 코끼리를 구경하기도 했습니다. 박지원은 코끼리를 부리는 사람에게 부채와 환약을 주면서 재주를 보여 달라고 부탁했습니다. 하지만 코끼리 부리는 사람은 돈을 한 푼이라도 더 받으려고 온갖 꾀를 부렸지요. 코끼리도 금방 재주를 부리지 않고 꾸물대고 있다가 주인이 돈을 받아 세어 주머니에 넣는 것을 보고서야 재주를 부리기 시작했습니다.

무엇보다 인상 깊은 곳은 사절단의 최종 목적지라고 해도 지나친 말이 아닌 '유리창'이었습니다. 유리창은 각종 서적과 그림, 골동품을 파는 시장으로, 조선 사신들이 꼭 들러서 최첨단 지식을 섭렵하는 유명한 장소였습니다. 이곳은 원래 절터였는데 유리 기와와 벽돌 만드는 공장이 들어선 뒤 널리 알려지기 시작했습니다. 특히 기와를 굽는 기술이 뛰어났는데, 여러 가지 비밀 기술이 많아 전속 기술자라도 한 번 들어가면 마음대로 나올 수 없어 넉 달 정도 먹을 식량을 가져가야 했습니다. 공장 바깥에는 수많은 점포가 들어서 있고, 거리에는 재화와 보물이 넘쳐 났습니다. 문수당, 오류거, 선월루 등 큰 서점에는 방방곡곡에서 몰려든 과거 응시자들이나 이름 있는 선비들이 묵어가기도 했지요.

　박지원은 27만 칸이나 되는 유리창의 가게들과 가게에 진열된 수많은 책과 물건들을 보면서 세상이 얼마나 넓고 다채로운가 확인하고 감격에 젖었습니다. 그리고 이런 넓은 세계를 다 보지도 못한 채 인생의 한 고비를 지나 늙어 가는 자신을 되돌아보며 큰 한숨을 내쉬었습니다.

　박지원은 초팽령, 고역생, 유세기 등을 만나 많은 이야기를 나누며 지냈습니다. 많은 것을 보고 경험하면서 뜻깊게 북경을 여행한 박지원은, 9월 중순 북경을 출발하여 10월 말

한양에 도착했습니다. 그는 북경과 열하에서 보고 들은 것을 혼자 가지고 있어서는 안 된다고 생각했습니다. 박지원은 북경과 열하에서 수많은 사람을 만났고, 오래되었거나 새로운 문화와 문물 그리고 독특한 자연 풍경을 둘러보았습니다. 이러한 경험들과 더불어 역사에도 눈을 떠 그의 사상은 더욱 굳건해지거나 수정되어 발전되었습니다. 박지원은 그 과정을 창조적으로 기록했고, 그 결과물이 바로 최고의 여행기라 평가받는《열하일기》입니다.

《열하일기》의 가장 중요한 내용은 선진 문화와 문물을 배우고 받아들여 나라를 새롭게 만들어야 한다는 것입니다. 청나라는 비록 오랑캐가 만든 나라지만, 당시 조선의 심각한 가난을 해결하는 데 도움을 줄 만한 앞선 문물을 가지고 있었습니다. "깨진 기왓장과 똥거름에 청나라의 장관이 있다."고 말한 박지원의 말은 단순히 우스갯소리가 아니었습니다.

《열하일기》에는 당시 세계의 중심인 청나라의 실정을 통해 세계정세의 흐름을 포착하려는 박지원의 열의가 가득 차 있습니다. 박지원은 청나라에 들어와 있는 세계 각국의 인물과 문물을 통해 세계의 변화를 읽어 냈습니다. 반면에 지식인을 탄압하고 민족 간의 갈등을 조장하는 청나라에 대해서는 비판적인 안목을 갖게 되었고, 역사적 전환기에 지식인들이 어떻게 살아가고 어떤 역할을 할지 진지하게 고민했습니다.

《열하일기》가 위대한 문학 작품으로 평가받는 이유는 무엇보다 그 속에 여러 분야의 다양한 인물이 살아 움직이고 있기 때문입니다. 박지원은 황제, 종교 지도자, 벼슬아치, 선비, 서민, 천민, 여인 등 여행에서 만난 여러 인물을 개성 있고 실감나게 묘사하고 있습니다. 그것은 박지원이 평소 인간에 대해 큰 애정과 관심을 기울였고, 모든 사물을 정확하면서도 평등하게 바라보는 눈이 있었기에 가능한 일이었습니다. 그런 점에서 《열하일기》는 세계에서 가장 뛰어난 여행기 가운데 하나라고 해도 과장된 말이 아닙니다.

박지원은 귀국한 뒤 처남 이재성의 집과 연암골을 오가며 《열하일기》를 썼습니다. 여행 도중 박지원이 가장 소중하게 챙긴 것은, 보고 들은 것을 기록하고 여러 사람들과 필담을 주고받은 방대한 원고였습니다. 박지원은 그 원고를 바탕으로 《열하일기》 저술에 온 힘을 기울였습니다. 3~4년에 걸쳐 완성한 것으로 보이는 《열하일기》는 박지원 문학의 결정판으로 평가받으며 지금도 꾸준히 사랑받고 있습니다.

이렇게 좋은 글을 쓸 수 있었던 것은 박지원 자신의 능력 때문이기도 하지만 그를 믿고 도와준 친구들의 힘도 컸습니다. 박지원이 《열하일기》 집필에 심혈을 기울일 무렵 홍대용은 경상도 영천의 군수로 있으면서 소 두 마리와 농기구 다섯 가지, 줄 친 공책 스무 권, 돈 2백 냥을 보냈습니다. "산중에 있으니 밭을 사서 농사를 짓지 않을 수 없을 것 같아 보내네. 그리고 마땅히 책을 써 후세에 전해야 할 것이니 이롭게 쓰기 바라네."라고 말하며 박지원이 좋은 글을 쓸 수 있도록 격려했습니다.

자애로운 아버지 박지원

박지원이 중국 여행에서 얻은 새로운 지식과 경험을 바탕으로 최고의 기행문을 탄생시키는 동안, 부인은 둘째 아들 종채를 낳았습니다. 14년 전 장남 종의를 낳았지만 형에게 아들이 없어 양자로 보낸 터라 박지원의 기쁨은 남달랐습니다. 실질적인 장남이었던 박종채는 항상 아버지 곁을 지켰습니다.

박지원이 세상을 떠나고 21년이 지난 1826년 《과정록》을 펴낼 수 있었던 것도 늘 아버지의 말을 귀담아 들었기에 가능한 일이었습니다. '과정록'은 아버지가 돌아가신 뒤 아버지의 말씀과 행동을 아들이 기록한 글인데, 우리나라에서는 박종채의 《과정록》이 가장 대표적이고 우수한 작품으로 인정받고 있습니다. 박종채는 아들로서 아버지의 말씀과 행동

뿐만 아니라 은밀한 고민과 생활 습관까지 세밀하게 기록했습니다. 이 책으로 박지원의 인간적 면모가 후세에 전해졌습니다.

《과정록》에 묘사된 박지원은 가문의 어른에게는 효성스러운 자손이고, 자식을 위해서는 어떤 조언도 아끼지 않는 자상한 아버지였습니다. 청빈하게 사는 것을 생활신조로 삼은 박지원은 자식들에게 벼슬아치가 되어 나라의 녹봉을 받더라도 풍족하게 살 생각은 하지 말라고 가르쳤습니다. 그리고 청빈하게 살다 간 선조들의 이야기를 자주 들려주었습니다.

평도공(박은의 시호. 좌의정을 지냈음)께서는 오랫동안 재상의 자리에 계셨으나 조밥을 드셔야 하는 형편이었지. 조밥은 너무 거칠어서 잘 넘어가지 않았고, 심지어 삼킬 때 재채기가 나오기까지 했단다. 공의 댁은 낙산(지금 서울 대학로 동쪽의 산) 아래 있었는데, 하루는 태종 임금께서 갑자기 찾아오셨단다. 그런데 웬일인지 공이 임금을 뒤늦게 영접하신 거야. 임금께서는 화를 내셨지. 그러자 공은 "신이 조밥을 먹던 참이라 말씀을 아뢰는 데 방해가 될까 염려되어 물로

씻고 나오느라 늦었나이다."라고 대답했단다. 그러자 임금이 더욱 노하여 "대신이 어찌 거친 조밥을 먹는단 말인가?" 하며 호통을 치셨지. 옆에 있던 신하가 "대신에게 기대어 생활하는 집안사람과 친구가 많아서, 녹미를 받아도 그날 저녁이면 모조리 동이 납니다."라고 아뢰었단다. 임금께서는 "내 잘못이다. 내가 임금이 되어서도 옛 친구가 조밥을 먹게 했구나. 나는 경의 훌륭함에 훨씬 미치지 못한다."라며 그 자리에서 공에게 흥인문 밖의 땅을 하사하셨단다.

박지원은 자식들에게 이런 이야기를 들려주며 올곧은 정신으로 바르게 살아가도록 가르쳤습니다. 학문하는 태도와 글을 읽고 짓는 방법, 친구 사귀는 법에 이르기까지 세세한 것도 일러 주었지요. 일상생활에서 일어나는 아주 작은 일을 통해서도 자식들에게 가르침을 주기 위해 노력했습니다.

연암골에 살 때의 일입니다. 연암골 사람들은 기러기 고기를 좋아했습니다. 그러나 박지원은 기러기 고기를 입에 대지 않았습니다. 나란히 줄을 지어 다정하게 날아가는 기러기 행렬에서 형제간을 뜻하는 '안항(雁行)'이라는 말이 생겼기 때문에, 평소에도 형제간 우애를 소중하게 생각해 온 박지원은 그런 상징성을 지닌 기러기 고기를 먹을 수 없었던 것입니다.

한번은 이런 일도 있었습니다. 박지원이 식구들과 둘러앉아 밥을 먹고 있었습니다. 그때 가까운 나뭇가지 위로 까마귀 두 마리가 내려앉았습니다. 박지원은 그 모습을 보고 "너희들, 반포를 하러 왔느냐?"라며 고깃덩어리를 던져 주었습니다. 까마귀는 과연 고기를 먹지 않고 입에 물고 한참 그대로 있었습니다. 박지원은 그 모습을 슬픈 표정으로 바라보았습니다. 한낱 까마귀조차 어미 새의 은혜를 갚으려고 눈앞의 음식을 먹지 않는데, 자신은 은혜를 갚을 부모가 곁에 없다는 생각에 가슴이 먹먹해졌던 것이지요. 박지원의 그런 모습은 자식들에게 무언의 가르침이 되었습니다.

반포_ 까마귀 새끼가 자란 뒤에 늙은 어미에게 먹이를 물어다 준다는 뜻으로, 자식이 부모의 은혜를 갚는 것을 비유하여 이르는 말입니다.

뒤늦게 벼슬길에 나서다

박지원은 벼슬살이를 할 뜻이 없어 과거를 포기했지만, 이조 판서로 있던 유언호가 강력하게 추천하여 어쩔 수 없이 선공감 감역(토목과 건물 수리 등을 맡은 관청의 감독관)이라는 벼슬을 하게 되었습니다. 그것이 쉰 살이 되던 1786년이었습니다. 일단 벼슬자리에 들어선 박지원은 원칙과 규범을 철저히 지키며 맡은 업무에 최선을 다했습니다.

그로부터 2년 뒤 1788년 12월에 도목정사가 있었습니다. 도목정사란 매년 6월과 12월에 벼슬아치의 근무 성적을 평가하여 벼슬을 그만두게 하거나 승진을 시키던 제도입니다. 도목정사가 있을 그해 12월은 박지원이 선공감 감역의 임기를 단 6일 남겨 둔 때였습니다. 도목정사를 맡은 이조의 관리는 박지원의 임기가 6일밖에 남지 않았으니 임기가 끝난 것으로 볼 수 있다고 판단하여 박지원을 승진 대상에 넣으려고 했습니다.

"날짜 수가 며칠 모자라긴 하나 관례상 융통성이 있으니 승진 대상으로 추천할까 합니다."

그러나 박지원은 단호하게 이 제안을 거절했습니다.

"나는 평소 한 번도 구차한 짓을 한 적이 없습니다. 그러니 그런 일일랑 벌이지 마십시오."

박지원을 생각해서 특별히 대접하려는 뜻이었는데, 박지원이 원칙을 어기는 행동이라며 망설임 없이 거절하니 조정의 벼슬아치는 크게 감동했습니다.

"날이 저물어 갈 길이 멀면 누군들 마음이 급하지 않겠는가? 그렇건만 평소 자신의 삶의 원칙을 이토록 철저하게 지키다니!"

이런 고집 때문에 박지원은 1년 뒤에야 평시서 주부(물가와 도량형에 관한 일을 맡아보는 종6품 벼슬)로 승진했고, 이듬해 제릉령(종5품)으로 승진했습니다. 제릉은 태조의 비 신의왕후의 무덤으로 경기도 개풍군에 있었습니다. 박지원은 그 능을 지키는 책임자가 된 것입니다. 제릉은 한양에서 꽤 멀리 떨어진 곳이어서 몰래 베어진 나무들이 많았습니다. 박지원은 부임하자마자 잘린 나무의 묵은 뿌리를 없앤 뒤, 앞으로는 절대 몰래 베어 가지 못하도록 벌목 금지 구역을 나타내는 경계를 표시해 두도록 하였습니다. 그러자 아랫사람들은 일을 억지로 만든다며 불평이 많았습니다.

얼마 뒤 서울에서 적간사(지방 관리의 부정과 비리를 캐내기 위해 임금이 파견하던 관리)가 내려왔습니다. 적간사는 능 안을 두루 돌아다니며 도벌한 흔적을 찾아내려 했습니다. 하지만 아무리 찾아도 도벌 흔적은 없었지요. 적간사는 크게 놀랐습니다.

"이거 정말 뜻밖입니다. 도벌된 나무가 한 그루도 없다니…… 그렇다고 한 그루도 도벌되지 않았다고 보고할 수는 없는 노릇이니 어떡하지요?"

그러자 박지원이 대답했습니다.

"만일 도벌된 나무가 있다면 1만 그루라 할지라도 사실대로 보고해야겠지요. 그러나 제가 간여할 문제는 아닌 것 같습니다."

적간사는 도벌된 나무가 한 그루도 없다고 보고한 적이 없어, 할 수 없이 여덟 그루가 도벌되었다고 보고했습니다. 이때의 적간사는 이익이라는 사람인데, 그는 박지원의 너그러운 마음에 감복하여 그 뒤에도 때때로 박지원을 찾아와 가르침을 받았습니다.

박지원이 벼슬살이를 시작한 지 반 년도 못 되었을 무렵, 큰 슬픔이 찾아왔습니다. 부인이 세상을 떠난 것입니다. 부인은 평생을 여기저기 옮겨 다니며 고생을 많이 했습니다. 그런데도 눈살 한 번 찌푸려 내색한 적이 없었습니다. 부인이 어떤 성품을 지닌 인물이었는지 잘 보여 주는 일화가 있습니다.

어느 날 박지원에게 스무 냥 정도 돈이 생겼습니다. 부인의 옷이 다 떨어진 것을 보아 둔 박지원은 돈을 보자기에 싸서 부인에게 주었습니다. 옷 한 벌 마련하라는 뜻이었지요. 그러나 부인은 단호하게 고개를 저었습니다.

"집안 살림을 책임지고 있는 형님은 늘 가난하고 쪼들리는데, 이 돈을 왜 저한테 주십니까?"

집안의 상하 질서를 지극히 생각하는 부인의 말에 박지원은 깨달은 바가 컸습니다. 부인은 큰동서를 매우 공경했고, 그 덕에 형제간 우애가 매우 좋았습니다. 큰동서가 아들 없이 죽자 당시 십여 세밖에 안 된 아들 종의를 양자로 보내 상주 노릇을 하게 할 정도였습니다. 박지원은 장인을 우러러

모셨듯이 그 딸인 부인의 인품을 존경했습니다. 그래서 부인이 죽자 애도하는 시를 스무 편이나 지었고, 평생 재혼도 하지 않았습니다.

부인이 세상을 떠나고 몇 달 뒤 형 박희원마저 세상을 떠났습니다. 형의 장례를 마치고 연암골로 돌아온 박지원은 슬픔을 이기지 못하고 시냇가에 앉아 눈물을 흘렸습니다. 박지원은 시냇물에 비친 자신의 얼굴을 보며 시를 지었습니다.

우리 형님 얼굴 누굴 닮았나?

아버지 생각나면 형님을 봤지.

이제 형님 생각나면 그 누굴 보나?

시냇물에 내 얼굴을 비추어 보네.

〈연암골에서 돌아가신 형님을 그리며〉

고을을 달라지게 하다

박지원은 1791년에 경상도 안의 현감으로 임명되었습니다. 백성들을 직접 다스리는 벼슬아치가 된 것입니다. 박지원은 고을 원들이 백성들이 큰 은덕을 모른다고 하면서 작은 혜택만 베풀어 명예를 구하는 폐단을 이야기해 왔습니다. 박지원은 그것은 백성을 다스리는 태도가 아니라고 여겼습니다. 고을 원은 큰 도리를 지키고 실천하여 백성들이 흔들리지 않고 편안하게 살 수 있도록 도와주어야 한다고 믿었지요.

박지원이 현감으로 임명된 안의현은 호남과 영남 사이에 있는 산골 마을로, 당시에는 풍속이 교활하고 사람들의 성품이 사나웠습니다. 말도 안 되는 이유로 남을 비방하는 소송장이 관가에 산더미처럼 쌓일 정도였습니다. 박지원은 간사한 거짓말에 해당하는 십여 건을 엄정하게 가려내어 소송

한 사람들에게 벌을 주었습니다. 그러자 백성들은 더는 속임수를 쓸 생각을 못 했습니다.

안의현은 비록 조그만 산골 마을이지만 환곡과 향곡(군인의 양식으로 쓸 곡식), 저치미(비상시에 쓰려고 비축해 두는 쌀) 등이 많았습니다. 그런데 실무를 맡은 아전들이 농간을 부려 포흠(관청의 곡물이나 재물을 사사로이 축내는 것)이 날로 늘어났습니다. 박지원은 부임하자마자 가까운 곳에 있는 창고부터 점검했는데, 아전들이 축낸 곡식이 엄청나게 많았습니다. 아전들을 닦달해도 그동안 포흠한 양이 너무 많아 금방 돌려받을 수 없는 형편이었지요. 박지원은 관아로 돌아오면서 은근히 말을 흘렸습니다.

"멀리 있는 창고는 천천히 조사해야겠군."

이 말을 들은 아전들은 깜짝 놀랐습니다. 앞으로 관내 모든 창고를 조사하겠다는 뜻으로 받아들였으니까요. 현감이

환곡_ 흉년이나 춘궁기에 국가가 곡식을 가난한 사람에게 빌려 주었다가 추수기에 이자와 함께 거둬들이는 제도 혹은 그 곡식을 말합니다. 조선 후기에는 재정난에 시달리던 지방 관청들이 환곡을 이용하여 재정을 보충하는 바람에 이자율이 50퍼센트에 이르러 백성들의 삶을 더욱 피폐하게 만들기도 했습니다.

현에 있는 모든 창고를 조사할 것이라는 소문이 아전들 사이에 빠르게 퍼져 나갔습니다.

며칠 뒤, 박지원은 아전들을 불러 스스로 포흠한 양을 자수하도록 권유했습니다. 아전들은 물러나와 서로 눈치를 보았습니다.

"우리가 이 일로 걱정하며 숨도 제대로 못 쉬고 두려워한 지가 벌써 몇 년짼가? 사또께서 너그러운 마음으로 이렇게 훈계를 하시니 이쯤에서 자수하는 게 좋을 것 같네."

아전들은 의견을 모은 뒤 박지원을 찾아가 차례로 포흠한 사실을 실토했습니다. 박지원은 아전들에게 3년 동안 매월 초하룻날에 곡식을 2천 포대씩 갚도록 했습니다. 이로써 관아의 골칫거리면서 아전들의 걱정거리인 포흠 문제가 깨끗이 해결되었습니다.

1792년에는 큰 흉년이 들었습니다. 흉년이 들어 곡식이 모자라면 감영으로부터 지원을 받기 위해 피해 정도를 보고해야 했습니다. 박지원은 조금도 과장하거나 숨기지 말고 사실대로 보고하라고 아전들에게 일렀습니다. 그러자 아전들이 일제히 아뢰었습니다.

"저희가 피해액을 보고하면 감영에서 깎아서 지원하는 게

관례입니다. 그런데 사실대로 보고했다가 절반이 깎이면 백성들의 세금을 어떻게 줄여 주시렵니까?"

박지원은 이렇게 대답했습니다.

"피해액을 부풀려 보고하는 것은 장사치나 거간꾼들이 값을 부풀려 속여 파는 술책과 같으니 그런 일을 해서는 안 된다. 또 깎일 것을 염려하여 부풀려 보고했다가 만약 감영에서 보고한 대로 승인해 준다면 그 남는 것은 장차 어찌하려느냐?"

아전들은 할 수 없이 박지원의 말대로 피해액을 사실대로 보고했습니다. 그런데 이게 웬일일까요. 과연 감영에서는 보고한 피해액을 그대로 지원해 주었습니다. 어떤 상황에서도 원칙을 지키려 노력한 박지원이 잘못된 관행을 바꾼 것입니다.

지방의 고을 원으로 부임한 벼슬아치들은 대부분 부임지에서 적지 않은 재물을 축적하곤 했습니다. 임기를 마치고 돌아갈 때는 재물을 실은 수레와 말이 긴 줄을 이루어 도둑들의 표적이 될 정도였지요. 하지만 박지원이 안의 현감을 그만두고 돌아갈 때 지녔던 물건은 책 오백여 권, 붓, 벼루, 향로, 다기가 전부였습니다.

박지원은 어느 고을의 원으로 가든 부임지에 도착하면 제일 먼저 목공을 불러 서가와 책상을 만들게 하고, 가져간 책과 벼루 등을 책상 위에 가지런히 정리해 두고는 흐뭇한 표정으로 그 모습을 감상하곤 했습니다.

박지원은 아들 박종채에게 고을을 다스리는 원의 마음가짐에 대해서 이렇게 말했습니다.

"고을 원으로 있는 사람은 비록 내일 당장 그만두고 떠난다 해도 100년 동안 있으면서 그 고을을 다스린다는 마음가짐을 가져야 한다. 그런 다음에야 백성들을 안정시키고 고을을 잘 다스릴 수 있는 것이다. 대부분의 고을 원들이 고을살이를 마치 여관에서 하룻밤 자는 정도로 여기고 있으니, 아전이나 백성들이 '우리 원님은 얼마 안 있어 떠나실 거야.' 하고 생각하는 게 당연하지 않겠느냐. 이 때문에 윗사람은 억지로 이전의 예를 그대로 따라 나랏일을 보고, 아랫사람은 임시방편으로 적당히 넘어가려 하는 것이다. 이래서야 어찌 선정을 펼 수 있겠느냐?"

박지원은 하루하루 정성을 다해 고을을 다스렸습니다. 한양의 벼슬아치가 안의현을 방문하고 돌아갈 때마다 한양 사람들은 박지원이 고을을 어떻게 다스리고 있는지 물어보았습니다. 한양의 벼슬아치는 이렇게 말했습니다.

"저로선 그 속마음을 도저히 짐작할 수가 없더군요. 한편으로는 후임자에게 넘겨줄 문서를 정리하면서도 다른 한편으로는 수백 년 이상 자라날 나무와 과실을 심고 있으니 저의 도량으로는 도저히 이해할 수가 없었습니다."

박지원은 이렇게 굳은 의지와 정직한 태도로 안의에서 5년을 보냈습니다.

정조 임금도 사랑한 박지원의 재능

안의 현감 시절 박지원은 고을 원으로 뛰어난 능력을 발휘했을 뿐 아니라 훌륭한 문학 작품도 많이 지었습니다. 이 시기에 지은 작품으로 〈열녀함양박씨전〉이 있습니다.

이 작품은 아전 집안의 여성이 주인공인 열녀전입니다. 함양으로 시집간 여인이, 혼인한 지 반년이 안 돼 남편이 죽자 장례를 끝낸 뒤 따라 죽었다는 이야기지요. 그런데 이 작품에는 기존의 열녀전과는 사뭇 다른 시각이 담겨 있습니다. 따로 긴 서문을 붙여 여성에게 순절(殉節)을 강조하는 것이 비인간적인 풍습이라는 주장을 은근히 편 것입니다. 또한 남편을 떠나보낸 뒤 고독하게 살아가야 하는 과부의 처지를 동정하는 마음을 담았지요. 그런 점에서 이 작품은 새로운 성격을 지닌 아주 독특한 열녀전입니다.

〈홍범우익서〉에서는 미신에 의존하는 지금까지의 오행설을 비판하며, 오행이란 백성들의 일상생활에 필요한 것을 다섯 가지로 나눈 것이라는 독창적인 생각을 드러내기도 했습니다. 또한 합천 해인사를 구경한 뒤 지은 198행의 장편 한시 〈해인사〉는 자연을 사실적으로 묘사했다는 평가를 받는 작품입니다. 이렇듯 박지원은 독창적인 시각으로 뛰어난 작품을 많이 남겼습니다.

　그런데 이즈음, 뜻밖에도 심혈을 기울여 쓴 《열하일기》 때문에 정조 임금에게 꾸중을 듣는 일이 벌어졌습니다. 정조는 사대부들의 문체가 날로 타락하고 있다고 걱정하면서 이를 바로잡으려는 조치를 시작했습니다. 정조는 사대부 가운데 중국의 통속 소설이나 소품 산문의 문체를 쓰는 사람들을 적발하여, 벼슬이나 과거 응시 자격을 박탈함으로써 순수한 고문(古文)만을 쓰도록 유도했습니다. 정조의 이런

오행설_ 금(金)·수(水)·목(木)·화(火)·토(土) 5요소의 변화로 만물의 생성과 소멸을 설명하는 이론. 한국, 중국, 일본의 일상생활에 큰 영향을 끼쳤습니다.

소품_ 고문에 비해 소재의 폭이 넓고 자유롭게 개성을 드러내는 글로, 오늘날의 가볍고 짧은 수필에 해당됩니다.

주장을 '문체반정'이라 부르는데, 문체를 바르게 만든다는 뜻입니다. 이런 와중에 박지원의 《열하일기》가 단속 대상이 되었습니다. 정조는 중국의 통속 소설과 소품 산문에 영향을 받은 새로운 문체를 유행시킨 사람이 박지원이라고 주장하며, 반성문을 바치라고 명했지요.

《열하일기》의 한문 문체는 매우 다양한데, 이는 세상이 다양해졌기 때문입니다. 세상이 달라지면 그것을 담는 문체도 새로워지는 것이 당연합니다. 박지원은 중국 여행 중에 경험한 새로운 세상을 적절하게 담기 위해 문체를 새롭게 만들었습니다. 하지만 정조는 세상이 아무리 바뀌어도 문체는 달라지면 안 된다고 생각했습니다. 어떤 사람들은 정조가 문체반정을 하면서 박지원을 특별히 지목한 것은 파격적인 은혜를 베풀기 위한 것이라고 이야기하기도 합니다. 박지원에게 주의를 주어 그의 글을 좀 더 발전시키려 했다는 것이지요. 정조가 《열하일기》를 가리켜 문체를 그르친 책이라 하면서도 즐겨 읽었다는 데서 짐작할 수 있는 일입니다.

백성을 감동시키는 벼슬아치

박지원은 1796년 사헌부 지평(관리의 부정과 비리를 조사하는 일을 하는 정5품 벼슬)이라는 벼슬을 얻어 한양으로 돌아가게 되었습니다. 박지원이 떠나는 날, 안의현의 백성들은 동구 밖까지 따라와 눈물을 흘렸습니다. 백발이 성성하고 거동이 불편한 노인들까지 박지원을 보기 위해 몸을 추스르고 나올 정도였지요.

　이런 사정이다 보니 안의 백성들은 박지원이 떠난 뒤에도 그를 잊지 못했습니다. 그래서 박지원을 기리는 송덕비를 세우려 했습니다. 아전 한 사람이 이 사실을 알려 왔을 때, 박지원은 조금도 주저하지 않고 단호하게 거절했습니다.

　"그런 일을 하는 것은 나의 본뜻을 몰라서다. 더구나 나라에서 금하는 것인데 어찌 그러려느냐. 내 뜻이 이러한데도 만일 너희들이 끝내 송덕비를 세운다면 하인들을 보내 송덕비를 깨부수어 땅에 묻은 다음 감영에 고발하겠다."

박지원의 강경한 태도에 결국 송덕비 세우는 일은 중단되었습니다. 안의 백성들이 박지원을 얼마나 존경했는지 알 수 있는 다른 일화도 있습니다.

송덕비 사건이 있은 후 30여 년이 지난 어느 여름, 박지원이 이미 세상을 떠난 뒤였습니다. 초라한 행색의 노파가 계산초당으로 들어오면서 중얼거렸습니다.

"이상도 하지. 집 모양이 어쩌면 이리도 우리 고을 관아에 있는 정자와 똑같을꼬?"

이 소리를 들은 박종채는 노파의 말을 궁금하게 여겨 이것저것 물어보았습니다. 노파는 자신이 안의현에서 올라왔다고 이야기했습니다. 박종채는 그 고을의 정자를 누가 지었는지 물어보았습니다.

"박 사또께서 우리 고을을 다스릴 때 세우셨습니다."

"그런데 너희들은 아직도 그 어른을 칭송하느냐?"

계산초당_ 안의현에서 올라온 박지원이 글을 쓰며 여생을 보낸 집으로, 계산동은 지금의 종로구 계동입니다.

"별다른 칭송이야 있겠습니까? 다만 새 사또가 부임할 때마다 '예전 박 사또 같기야 하겠어?'라고들 합니다. 그리고 술 마시고 놀 때면 언제나 박 사또 이야기를 하면서 '그분은 풍채가 훌륭하고 풍류를 좋아하셨지. 아무 일도 하지 않는 듯하면서도 위엄이 있고 인자하셨어. 그 덕에 관아와 고을이 모두 한가하고 풍족하여 저절로 즐거웠지. 그처럼 좋은 시절을 다시 볼 수 없을 게야.'라고들 합니다."

노파의 말을 들은 박종채는 아버지 생각에 눈시울이 뜨거워졌습니다.

"아직도 선친을 기억하는 이가 있구나."

노파는 눈물을 주르르 흘리며 박지원을 그리워했습니다.

이렇게 박지원은 안의 현감으로 근무한 5년 동안 안의 백성들이 편안하고 즐겁게 살아갈 수 있게 고을을 다스렸습니다. 안의 백성이 30년이 지난 뒤에도 그때를 떠올리며 눈물을 흘린 것은 박지원이 얼마나 많은 백성을 감동시켰는지를 보여 줍니다.

그리운 벗을 위하여

안의 현감 시절 박지원은 멀리 있는 벗들을 그리워하며 이
것저것, 그리 값나가지 않는 물건들을 보내며 마음을 전하
곤 했습니다. 유언호에게는 죽부인을 보냈는데, 죽부인을
받은 유언호는 창에 발을 친 뒤 한참 동안 매만지다가 답장
을 보냈습니다.

"발 가득히 맑은 바람이 불어오니 그대의 마음을 보는 듯
하네."

박준원에게는 풍경 두 개를 편지와 함께 보냈는데, 풍경을
받은 박준원은 몹시 기뻐하며 감사 편지를 보냈습니다.

"형님께서 아우의 마음을 알아주시니, 보내 주신 물건에
맑고 깨끗한 뜻을 부칠 만합니다."

그러면서 다른 사람들에게 이렇게 자랑했습니다.

"편지 속에 이처럼 맑고 조촐한 선물을 보내는 사람이 또 누가 있겠소?"

박지원은 이처럼 풍류를 아는 사람이었습니다. 하루는 낮잠을 자던 박지원이 벌떡 일어나며 슬픈 표정으로 아랫사람에게 말했습니다.

"그윽하고 고요한 대나무 숲 속을 깨끗이 쓸어 자리를 마련하고 술 한 동이와 고기, 생선, 과일, 포로 술상을 차리도록 하라."

술자리가 마련되자 박지원은 술잔에 술을 가득 따라 올리고는 아무 말 없이 한참을 앉아 있다가 서글픈 기색으로 일어났습니다. 그리고 상에 있는 음식을 거두어 아전과 하인들에게 나누어 주었습니다.

이 모습을 바라보던 아들이 아버지의 행동을 이상하게 여겨 물었습니다.

"드시지도 않으면서 왜 술상을 차리라 하셨습니까?"

그러자 박지원이 조용히 대답했습니다.

"꿈에 한양성 서쪽의 옛 벗들이 찾아와 '자네, 산수 좋은 고을의 원이 되었는데 왜 술자리를 마련하여 우리를 대접하지 않는가?'라고 하더구나. 꿈에서 깨어 가만히 생각해 보니 모두 이미 죽은 벗이었단다. 마음이 너무 서글퍼서 술 한 잔 올렸느니라."

친구들과 어울려 이야기를 나누고 마음을 나누기를 즐기던 박지원에게 친구들의 병치레는 큰 고통이었습니다. 박지원이 임기를 마칠 무렵, 가장 절친한 벗 유언호가 위중한 병에 걸려 사경을 헤매고 있다는 소식이 전해졌습니다. 박지원은 편지 속에 인삼 몇 뿌리를 넣어 유언호에게 보냈습니다.

박지원이 임기를 끝내고 한양으로 돌아오게 되었다는 소식을 들은 유언호는 날마다 시중드는 아이에게 물었습니다.

"연암이 도성에 들어왔더냐?"

죽기 전에 박지원의 얼굴을 보고 싶었던 것입니다. 유언호는 어차피 죽을 몸이라며 오래전부터 약을 먹지 않았습니다. 하지만 임금이 약을 보내자, 그것만은 차마 물리칠 수 없었습니다. 임금이 보낸 약을 먹은 유언호는 시중드는 아이를 불러 조용히 말했습니다.

"벗이 보낸 약도 한번 먹어 보고 싶구나."

박지원의 정성을 물리친 것이 그제야 마음에 걸렸던 것입니다. 약을 마신 유언호는 박지원을 그리워하며 탄식했습니다.

"벗을 만나 보지 못하고 이대로 세상을 떠나는 것이 한스 럽구나!"

자신의 예상대로 유언호는 한양으로 돌아온 박지원을 보지 못한 채 세상을 떠나고 말았습니다. 박지원은 벗의 마지막을 지켜보지 못한 것을 무척 애통해했습니다.

면천 군수 시절

박지원은 1797년에 면천 군수로 임명되었습니다. 임금을 알현하고 사은숙배(벼슬에 임명된 사람이 임금에게 절하여 그 은혜에 감사드리는 것)하라는 특명이 내려졌습니다. 알현하러 간 박지원에게 정조는 조용히 물었습니다.

"지난번에 문체를 고치라 했는데 과연 고쳤느냐?"

박지원은 엎드려 아뢰었습니다.

"성스러운 분부에 황공하여 아뢰지 못하옵나이다."

정조는 웃으며 말했습니다.

"최근에 좋은 글감을 얻었다. 너를 시켜 좋은 글 한 편을 짓게 하려 마음먹은 지 오래다."

정조는 제주 사람 이방익이 풍랑을 만나 표류한 일을 자세히 들려주었습니다. 박지원은 정조의 명을 받들어 〈이방

익의 일을 기술하다〉를 지어 바쳤습니다. 박지원의 글을 읽은 정조는 매우 기뻐하며 박지원의 글솜씨를 크게 칭찬했습니다. 이를 보아도 정조가 박지원의 문체를 문제 삼은 것은 박지원에 대한 애정과 기대 때문이었음을 알 수 있습니다.

면천 군수로 임명된 박지원은 또다시 먼 길을 떠났습니다. 당시 우리나라에는 천주교가 널리 퍼져 있었습니다. 박지원이 면천으로 내려가 보니 그곳도 사정은 마찬가지였습니다.

천주교는 광해군 때 명나라에 사신으로 간 이수광, 유몽인 등이 북경에 와 있던 이탈리아 선교사 마테오 리치의《천주실의》를 가지고 돌아오면서 소개되었습니다.《천주실의》는 천주교의 교리를 설명한 책으로 주로 실학자, 그중에서도 남인들이 흥미를 갖고 연구했습니다.

천주교는 처음에는 서양에서 들어온 학문, 즉 서학(西學)으로 받아들여졌습니다. 그러나 서서히 종교로 받아들여지면서 문제가 되었습니다. 천주교 신자들은 제사를 거부했는데, 이는 조선의 사대부들에게는 도저히 받아들일 수 없는 일이었습니다. 특히 양반인 윤지충이 부모의 신주를 태우고 제사를 없앤 것이 적발되면서 천주교에 대한 대대적인 박해가 시작되었습니다. 유교를 신봉하던 당시 사대부 벼슬아치들은 천주교를 사악한 종교로 보고, 천주교를 믿는 백성들을 모두 잡아들여 모질게 고문하고 처형했습니다.

박지원은 백성들을 잡아들여 고문하고 처형하는 방법은 효과가 없을 뿐더러 옳지 않다고 생각하여 다른 방법을 택했습니다. 누가 천주교를 믿는다는 보고를 받으면 즉시 잡아 와 관아의 종으로 삼고, 매일 밤 일이 끝나면 불러다 유교의 인륜 도덕을 반복하여 들려주며 천주교의 교리를 하나하나 반박했습니다. 이런 노력 끝에 많은 백성들이 스스로 깨달아 뉘우치게 되었습니다. 1801년 순조 임금이 즉위하고 천주교도를 대대적으로 처형한 신유사옥이 일어났을 때도, 오직 면천군만 아무도 잡혀가지 않을 정도였습니다.

박지원은 면천 군수로 부임하자마자 벽제(벼슬아치가 행차할 때 "물렀거라!" 하고 크게 외쳐 지나가는 사람들이 길을 비키

신유사옥_ 1801년 정월에 어린 순조가 왕위에 오르자 수렴청정(왕이 어린 나이로 즉위했을 때 왕대비나 대왕대비가 왕을 대신하여 정사를 돌보는 것)을 하게 된 정순왕후가 천주교를 사교, 서교라 규정하며 엄격하게 처벌하라고 명하면서 시작되었습니다. 이 박해로 이승훈, 정약용 등 천주교도와 실학자들이 처형되거나 유배되었습니다.

게 하는 것) 같은 번거로운 의식들을 없애거나 간소하게 했습니다. 또한 사람들을 함부로 잡아 가두지 않아 감옥이 텅빌 때도 있었지요. 그 외에도 여러 방면에서 다양한 업적을 쌓았습니다.

면천군 남쪽에 '양제'라는 제방(둑)이 있었습니다. 많은 농토에서 양제의 물을 사용했는데, 군민들이 매년 둑을 손보아도 장마로 물이 불어나면 터져 큰 피해를 입었습니다.

박지원은 부임하자마자 봇물이 터지는 원래의 수로를 막아 버리고, 둑 왼쪽의 바위가 많은 곳에 수문을 새로 만들었습니다. 그 뒤로 봇물은 터지지 않고 둑도 무너지지 않았습니다.

또 박지원은 면천성 동쪽 향교 앞에 버려진 연못을 보수하여 가뭄에 대비하기도 했습니다. 백성들을 모아 연못의 땅을 깊게 파 주위에 있는 작은 도랑의 물이 연못으로 흘러들게 만들었습니다. 그러자 물이 가득 고여 가뭄이 들어도 물이 줄지 않았습니다. 그리고 연못 한가운데 돌을 쌓아 작은 섬을 만들고, 그곳에 6각의 초정(풀이나 갈대 따위로 지붕을 인 정자)을 세워 유생들이 경전을 공부하고 시를 짓는 장소로 삼았습니다.

박지원은 "나는 곧 이곳을 떠나겠지만 면천 백성들은 연못의 혜택을 영원히 누릴 것."이라 말했는데, 과연 연못 주변의 드넓은 논밭들은 그 뒤로 가뭄이 와도 걱정이 없게 되었습니다.

이 무렵 박지원은 《과농소초》라는 책을 썼습니다. 이 책은 농업을 장려하려는 정조의 뜻에 따라 지어졌습니다. 박지원은 연암골에 들어갔을 때 우리나라와 중국의 농서를 두루 읽고 중요한 부분을 기록해 둔 데다, 중국 여행 중에 관찰한 청나라의 앞선 농법과 농기구에 대해서도 잘 알고 있었습니다. 더구나 지방관으로 일한 경험도 있어 좋은 농서를 쓸 수 있었지요.

박지원은 이 책을 통해 농사짓는 방법을 개선하여 농업을 발전시켜야 한다고 주장했습니다. 이를테면 땅을 깊이 갈아 잡초를 제거해서 땅이 가지고 있는 힘을 최대한 활용하고, 생산력을 높이기 위해 퇴비를 만드는 방법을 개선하고, 물을 대는 방법을 개량해야 한다고 주장했지요. 또한 농사 때를 놓치지 않도록 농사철에 국가가 농민에게 일을 시키지 말 것을 요청했고, 농기구 개량에 대한 필요성도 역설했습니다. 그리고 무엇보다 토지 제도의 개혁이 중요하다고 주장했습니다. 박지원은 토지 제도가 개혁되어야 농촌 경제가 안정된다고 여겨 한전제를 제안했지요. 한전제란 토지를 소유하는 데 있어 한도를 정하여 토지를 독점하지 못하도록 하는 제도입니다. 이렇게 하면 토지는 상속과 매매 등의 방법을 통해 사람들에게 고르게 나눠진다고 생각했습니다.

　이 책은 정조를 비롯한 여러 벼슬아치들에게 대단한 칭송을 받았습니다. 그러나 좋은 일 뒤에는 나쁜 일이 생긴다고 했던가요. 박지원에 대한 칭송이 높은 만큼 비방과 모욕은 그치지 않았습니다.

박지원을 향한 시기와 모함

우리나라 옷차림 중에는 원나라의 풍속을 따른 것이 많았는데, 박지원은 고대 중국의 복식 제도에 맞게 옷차림을 개혁해야 한다고 주장해 왔습니다. 안의 현감으로 있을 때 관아 일을 끝내면 고대 중국의 복식 제도에 따라 만든 평상복을 입곤 했습니다.

그런데 박지원이 백성들을 잘 다스린다는 소문을 들은 이웃 고을 수령들이 박지원을 시기하여 사실과 다른 소문을 퍼뜨리기 시작했습니다. "박지원이 오랑캐 옷을 입고 백성을 다스린다."며 거짓말을 꾸며 낸 것입니다. 당시에는 오랑캐인 청나라에 대한 감정이 좋지 않았던 터라 이런 거짓말은 박지원을 궁지로 몰아넣었습니다.

사람들은 그와 비슷한 이유로 《열하일기》도 비방했습니

다. 즉 《열하일기》가 이미 망한 명나라 연호인 '숭정' 대신 청나라 연호인 '건륭'을 썼기에, 명나라에 대한 의리를 저버리고 오랑캐인 청나라를 추종했다고 주장한 것입니다. 박지원을 모함하기 위해 억지로 짜 맞춘 것이지요.

왜 박지원에게 이런 모함이 쏟아졌을까요? 이런 말들은 오래전부터 박지원을 미워한 유한준에게서 시작된 것이었습니다. 유한준은 병자호란 때 청나라와 화해하는 것을 반대하던 척화파의 자손으로, 청나라를 오랑캐로 여기며 배척했습니다. 또 그는 중국의 고대 문학을 절대적 모범으로 생각하여 그것과 다른 어떤 변화도 인정하지 않았습니다. 이런 점에서 박지원이 속한 북학파와는 정치적 견해나 문학관이 크게 다른 인물이었습니다.

두 사람은 처음에는 그런대로 친한 사이였습니다. 그러다가 박지원이 유한준이 지은 문학 작품의 문제점을 지적한 편지를 보내면서 두 사람은 멀어지기 시작했습니다. 유한준은 박지원을 모함할 만한 문젯거리를 찾고 있었습니다. 게다가 정조가 《열하일기》의 문체를 문제 삼으면서도 은근히 박지원을 등용하려 하자 박지원에 대한 시기심이 극에 달했지요. 때마침 "박지원이 오랑캐의 옷을 입고 백성을 다스린다."는 헛소문이 퍼지자 한술 더 떠 "박지원이 오랑캐의 연호를 썼다."며 터무니없이 헐뜯기 시작했습니다. 나아가 박지원의 할아버지인 박필균의 묘를 파헤치는 만행까지 저질렀지요. 그런데도 박지원은 "이는 사람의 이치를 가지고 다툴 일이 아니로다."라며 유한준과 다투려 하지 않았습니다.

　세상에는 상식과 이치를 벗어난 생각을 하는 사람이 적지 않습니다. 그런 사람을 어떻게 대해야 하는지 박지원은 몸소 보여 주었지요. 상식으로 대화가 불가능한 사람과는 이러쿵저러쿵 다투지 않는 것이 상책입니다. 박지원은 이런 방식으로 세상 사람들의 온갖 비방에 초연해졌습니다. 어떤 모함에도 흔들리지 않고 자신의 생각을 더욱 견고하게 만들어 가게 된 것입니다.

마지막 벼슬, 양양 부사

1800년 음력 6월 정조 임금이 세상을 떠났습니다. 박지원은 자신의 문학적 능력을 인정해 준 임금의 은혜에 보답하지 못했다며 객사(임금을 상징하는 궐패를 모셔 둔 곳)로 가서 북쪽을 향하여 통곡하며 애통해했습니다. 얼마나 슬프게 울었는지 객사에서 나올 때 쓰러지기까지 했지만 통곡은 그치지 않았습니다.

정조는 '문체반정'을 내세워 문학의 새로운 변화에 대해 부정적인 정책을 펴기는 했지만, 조선 시대 어느 임금보다도 진보적이었고 새로운 학문의 흐름을 존중했습니다. 또 그런 학문을 추구하던 선비들을 신분에 관계없이 아낀 임금이었습니다.

정조의 죽음을 애달파하던 박지원은 〈진향문〉을 지어 정조의 영전에 올렸습니다. 그러고는 자식들에게 편지를 보내 임금에 대한 생각을 전했습니다.

옳음과 그름, 정의와 사악함은 구별하기 어렵지 않으며 또 많은 말도 필요없다. 자신의 이해관계를 떠나 의리를 따르는가 아니면 이해관계에 얽매여 의리를 버리는가의 차이일 뿐이다.

돌아가신 임금님의 지극한 덕과 업적은 이루 다 말할 수가 없다. 예법을 엄격하게 지키고 대의를 밝혔으니 백세 후의 성인이요 백왕 중 으뜸이라 할 만하다. 또한 학문이 올바르고 의리에 정확하셨으니 누가 감히 속이거나 어지럽힐 수 있었겠느냐?

지금 내가 하찮은 글을 지어 30년 동안 가슴속에 간직해 온 생각을 쏟아 내었구나. 하지만 이 글의 내용은 '의리' 두 글자를 넘어서지 않는다.

정조가 세상을 떠나고 얼마 뒤인 8월에 박지원은 양양 부사로 승진했습니다. 양양 부사는 본래 과거에 급제한 사람만이 임명될 수 있는 자리입니다. 음관(과거를 치르지 않고 조상의 공덕으로 벼슬하는 관리)으로서 양양 부사에 임명된 것은 박지원이 처음이었습니다.

양양은 동해안에 있어 바람이 거세고, 높은 산이 많습니다. 임금의 관을 만드는 데 쓰일 정도의 최고급 소나무인 황장목이 많이 나는 곳으로 유명했지요. 조정에서는 매번 감독관을 보내 황장목을 베어 오게 했는데, 그 과정에서 양양 부사에게는 사사로운 이익이 많이 떨어졌습니다. 청렴하다는 소리를 듣는 수령이라도 황장목을 남겨 훗날 자신의 관을 만들 때 쓰려고 했습니다.

박지원이 양양 부사로 부임한다는 소식을 들은 친지들은, 박지원이 황장목을 가져올 수 있으리라 기대하며 부탁했습니다. 하지만 박지원은 못 들은 척했지요.

그러던 어느 날, 부임한 지 얼마 되지 않았을 때 조정에서 내려온 감독관이 지켜보는 가운데 황장목 베기가 시작되었습니다. 베어 놓은 황장목 가운데 가장 좋은 것을 한양으로 올리고 나니 온 고을에 황장목 널빤지들이 널렸습니다. 박지원은 남은 황장목을 하나도 남기지 말고 모두 시냇가로 옮겨 놓으라고 명령했습니다. 사람들은 박지원이 왜 그렇게 명령했는지 영문을 몰랐습니다. 며칠 뒤 박지원은 시냇가로 가서 황장목을 살펴본 뒤 말했습니다.

"여기에 다리가 없어 사람들이 지나다니기에 매우 불편했던 것으로 안다. 이 나무로 다리를 놓으면 몇 년은 편하게 지낼 수 있을 것이다."

양양에서의 벼슬살이는 오래가지 못했습니다. 양양에 신흥사라는 큰 절이 있었는데, 승려들이 궁속(궁궐에 속한 종)들과 짜고 역대 임금들의 유품과 위패를 그 절에서 봉안하고 있는 것처럼 꾸민 뒤, 그 위세로 관리를 모함하고 백성들을 구타하거나 죽이는 등 행패가 심했습니다. 박지원은 그 사실을 강원 감사에게 보고하고 승려들에게 벌을 내리라고 요구했습니다. 하지만 강원 감사는 일을 얼버무리기만 하고 처리하지 않았습니다. 그러자 박지원은 벼슬을 버리고 한양으로 올라가 병을 핑계 대며 양양으로 돌아가지 않았습니다.

"궁속과 승려에게 제압당하는 고을 원이 아전들과 백성들을 어찌 다스린단 말인가!"

그 뒤 박지원을 따르는 사람들이 벼슬을 추천할 수 있는 자리에 있을 때마다 권했지만, 박지원은 사양하며 더는 벼슬살이를 하려 하지 않았습니다. 박지원은 양양의 경치를 좋아했고, 그곳에서의 벼슬살이를 좋은 추억으로 간직했습니다.

한번은 지방 수령을 했던 사람들이 모여 지방 수령의 녹봉을 화제로 삼으며 이야기를 나누었습니다. 어느 고을은 녹봉이 많고, 어느 고을은 적다면서 저마다 돈에 대한 욕심을 드러냈습니다. 박지원이 양양 부사를 그만둔 지 얼마 되지 않은 때였기에 사람들은 박지원에게 양양에서 녹봉을 얼마 받았느냐고 물었습니다.

"1만 2천 냥 받았소이다."

사람들은 깜짝 놀랐습니다.

"그렇게 많이 받았다니, 정말이오?"

"그렇고말고요!"

사람들은 반신반의하며 자초지종을 말해 보라고 재촉했습니다. 그러자 박지원이 웃으며 말했습니다.

"바다와 산의 빼어난 경치가 1만 냥 가치는 되고, 녹봉이 2천 냥이니 금강산 1만 2천 봉과 겨룰 만하지 않소!"

내 몸을 깨끗이 씻어 달라

정조가 세상을 떠나고 순조가 어린 나이로 임금이 되었습니다. 그러자 임금의 할머니인 대왕대비 정순왕후가 수렴청정을 하면서 정순왕후의 가문인 경주 김씨가 정국을 주도했습니다. 경주 김씨를 중심으로 한 독재가 시작된 것입니다. 천주교도에 대한 탄압도 더욱 가혹해져 정국은 더욱 긴장되어 갔습니다. 이런 혼란 가운데 박지원은 속세를 떠나 평온한 노년을 보내려 애썼습니다.

박지원은 안의 현감에서 물러났을 때, 장차 책을 쓰며 노년을 보내기 위해 계산초당을 지었습니다. 계산초당은 흙벽돌을 사용하여 중국식으로 지었습니다. 양양 부사에서 물러난 뒤 박지원은 이 집에서 조용하게 지냈습니다. 하지만 오랫동안 앓아 온 울화병과 뇌졸중은 좀처럼 낫지 않았고,

1804년에는 그 증세가 더욱 악화되었습니다. 박지원은 곧 닥칠 죽음을 예감한 듯 더는 약도 먹지 않고, 자식들에게 장례를 검소하게 치르도록 간곡히 당부했습니다. 병석에 누워서도 자신의 처지를 슬퍼하지 않고 벗들과 함께하며 하루하루를 편안히 보냈습니다. 특히 이희경과 처남 이재성을 자주 불러 술상을 마련하고, 그들의 대화를 듣는 것을 마지막 즐거움으로 삼았습니다.

박지원은 1805년 10월 20일, 계산초당에서 69세를 일기로 세상을 떠났습니다. 그의 유언은 단 하나, 자신을 깨끗이 목욕시켜 달라는 것이었지요. 더럽혀진 세상을 마다하지 않고 그 가운데로 들어가 한평생을 다사다난하게 살았지만, 저세상으로 가는 순간에는 세상의 흔적을 지우고 싶었나 봅니다.

끝까지 박지원의 곁을 떠나지 않고 병상을 지킨 처남 이재성은 박지원을 애도하는 긴 제문을 지었습니다. 그 가운데 박지원의 삶과 문학 세계를 잘 표현한 부분입니다.

아아, 우리 공은
명성은 어찌 그리 성대하며
비방은 어찌 그리 많이 받으셨나요?

공의 명성을 떠받들던 사람이라 하여

공의 속을 안 건 아니며

공을 비방하던 사람이라 하여

공의 겉을 제대로 본 것은 아닙니다.

아아, 우리 공은

학문함에 있어 억지로 기이함을 추구하지 않았고

억지로 새로운 문장을 좇지 않았습니다.

사실에 충실하니 절로 기이해지고

깊은 경지에 나아가니 절로 새로워졌을 뿐.

일상에서 흔히 쓰는 말도

공이 쓰면 훌륭한 문장이 되고

웃고 화내고 꾸짖는 속에

진실함을 담았습니다.

강물이 굽이쳐 흘러

안개 속에 물결이 넘실거리듯

첩첩이 솟은 바위 사이에

노을과 구름이 일어나듯.

〈이재성이 박지원을 애도하며 쓴 제문〉 중에서

박지원이 남긴 것

사람은 누구나 자기가 살아가는 시대의 문제에서 벗어날 수 없습니다. 아무리 위대한 사람이라도 생각과 행동은 그 시대의 분위기에서 비롯됩니다. 조선 후기는 유교에 바탕을 둔 국가 체제가 현실에 부딪히면서 여러 면에서 한계를 보인 시기였습니다. 이런 상황에서 학자와 선비, 관료 들은 쌓여 있는 문제를 해결할 방법을 찾으려고 나름대로 고민하고 애썼습니다.

기존 사회 질서에 대한 태도에서 사람들은 두 부류로 나뉩니다. 하나는 가능하면 지금까지 있어 온 사회 질서를 그대로 유지하거나 더 강화해야 한다고 생각하는 부류입니다. 그리고 다른 하나는 기존 질서를 그대로 유지하거나 회복하는 것은 힘겹게 살아가는 사람들을 구제하기에 어려우므로 새로운 질서를 만들어야 한다고 생각하는 부류이지요.

조선 후기에도 두 부류가 공존했는데, 각기 당파와 학맥을 달리하면서 근본적으로 대립했습니다. 소론과 노론의 대립, 시파와 벽파의 대립, 북벌론자와 북학파의 대립이 그것이지요. 박지원을 비롯한 북학파는 기존 질서를 유지하기보다 새로운 세상을 인정하고, 새로운 세상에 알맞은 질서를 만들자는 입장이었습니다. 하지만 박지원은 자신과 생각이 다른 사람들을 배척하지 않았습니다. 생각을 나누는 것을 소중하게 여겼고 어느 누구와도 자유롭게 교유했습니다.

박지원이 쓴 〈예덕선생전〉의 주인공은 가장 성실하게 살아간다는 이유로 '똥 푸는 사람'을 기꺼이 친구로 여기고 존중합니다. 이것만 보더라도 박지원은 사람이 어떤 생각을 품고 어떻게 살아가느냐를 중요하게 생각했지, 신분이나 지위에는 크게 관심을 두지 않았다는 것을 알 수 있습니다.

박지원의 이런 성품은 중국 여행에서 만난 여러 계층의 사람들과 필담을 나누고 생각을 교환한 것으로도 드러납니다. 그리고 박지원은 유언호, 홍대용, 이재성 등 소중한 벗들과 함께 시대를 이끌어 갈 사상을 만들어 냈습니다.

박지원은 무엇보다 사람이 세상을 바라보는 방식을 중요

하게 생각했습니다.

"세상을 어떤 방식으로 보아야 정확하게 이해할 수 있을까?"

박지원은 눈을 크게 뜨고 귀를 크게 열어 세상을 보고 들어야 한다고 주장했습니다. 우리는 대체로 겉으로 드러난 모습을 눈으로 보고, 들려오는 소리를 귀로 듣습니다. 그렇게 했을 때 과연 우리가 세상의 본모습을 정확하게 보고 들었다고 할 수 있을까요? 아닙니다. 우리는 선입견을 가지고 있기 때문에 세상을 있는 그대로 보고 듣지 못하지요. 그래서 온갖 허황한 속임수에도 쉽게 속는 것입니다.

박지원은 아무것에도 치우지지 않는 '평등심'과 어떤 것에도 흔들리지 않는 지극한 마음인 '명심(冥心)'으로 보아야만 세상을 있는 그대로 받아들일 수 있다고 말했습니다. 그러면 사사로운 이익에 사로잡히지 않고, 마침내 진정한 의리와 원칙을 지키며 아름답게 살아갈 수 있다고 이야기했지요.

새로운 세상을 만들기 위한 노력도 우리가 평등한 마음, 치우치지 않은 마음을 가질 때만 가능합니다. 박지원이 평생 그렇게 혹독한 비방을 받은 이유도, 당시에 선입견을 가진 사람은 많았지만 평등심을 가진 사람은 적었기 때문입니다.

평등심과 명심으로 세상을 바라보면서 시대를 앞서 간 박지원의 삶은 오늘날 우리에게 유용하고 가치 있는 가르침이 되고 있습니다. 그런 점에서 박지원은 탁월한 문인이자 유능한 정치가이면서, 영원한 인생의 스승이라 할 수 있습니다.

1. **박지원 초상** 박지원의 손자 박주수가 그렸습니다. 박지원은 목소리가 커서 말소리가 담장 밖에서도 들릴 정도로 호탕한 성격이었다고 합니다. 후손 박찬우 소장.

2. **국죽도** 박지원이 국화와 대나무를 그린 그림입니다. 호방한 기상과 고매한 예술 정신이 녹아 있는 듯합니다. 단국대학교 소장.

1737년(영조 13년) 1세
한양 서소문 밖 반송방 할아버지 댁에서 반남 박씨 박사유와 함평 이씨의 2남 2녀 중 막내로 태어났습니다.

1752년(영조 28년) 16세
관례를 올리고 전주 이씨 이보천의 딸과 혼인했습니다.

1754년(영조 30년) 18세
우울증으로 고생했습니다. 사람들을 불러 재미있는 이야기를 들으며 우울증을 고쳐 보려 했지만 뜻대로 되지 않았습니다.

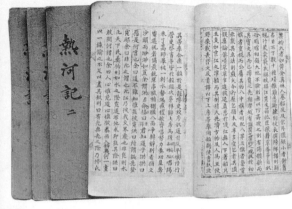

3. **원각사지 십층 석탑** 박지원을 중심으로, 백탑(원각사 십층 석탑) 아래 모여 급격하게 변해 가는 정세와 예술, 학문 등을 논하던 북학파를 탑의 이름을 따 백탑파라고도 부릅니다. 종로구 탑골공원 소재.

4. **《열하일기》** 넉넉한 품으로 세상 속으로 들어간 천재 문장가의 꿈과 열정을 읽을 수 있는 책입니다. 단국대학교 소장.

1759년(영조 35년) 23세
어머니 함평 이씨가 세상을 떠났고, 큰딸이 태어났습니다.

1765년(영조 41년) 29세
가을에 유언호, 신광온과 금강산을 유람하고, 〈총석정에서 해돋이를 보고〉를 지었습니다.

1768년(영조 44년) 32세
백탑 근처로 이사하여 이덕무, 이서구, 서상수, 유금, 유득공 등과 가까이 살며 두터운 친분을 쌓았습니다.

5. **건곤일초정** 1800년 면천 군수 시절, 연못 한가운데 작은 섬을 만들고 그곳에 세운 육각의 정자입니다. 당시에는 널빤지로 다리를 만들었는데 근래 돌로 보수했습니다. 당진군 면천면 성상리 소재.

6. **물레방아** 물레방아는 청나라를 다녀온 박지원이 《열하일기》를 통해 우리나라에 소개했습니다. 안의 현감 시절, 처음으로 물레방아를 만들고 실용화했습니다. 함양군 안의면 상원리 소재.

1770년(영조 46년) 34세
소과 초시에 일등으로 합격하고, 입궐하여 영조에게 극찬을 받았습니다. 회시에는 응시하지 않거나 응시하더라도 시권(과거를 볼 때 글을 적은 종이)을 제출하지 않았습니다.

1772년(영조 48년) 36세
가족을 시골 처가로 보낸 뒤 전동 집에 혼자 살며 홍대용, 정철조, 이서구, 이덕무, 박제가, 유득공 등과 더욱 가까이 지내며 사상과 문학을 심화시켰습니다.

1778년(정조 2년) 42세
홍국영의 견제를 피해 연암골로 들어갔습니다.

1780년(정조 4년) 44세
팔촌형 박명원이 청나라 건륭제의 70세 생일을 축하하기 위한 진하별사가 되어 청나라를 방문하게 되었습니다. 박지원은 수행원 자격으로 박명원을 따라갔습니다. 5월 25일 출발하여 6월 24일 압록강을 건넜고, 8월 1일 북경에 도착하여 5일간 북경에 머문 뒤, 8월 9일에 열하에 도착하여 7일간 머물렀습니다. 8월 20일 다시 북경으로 돌아와 9월 17일까지 머문 뒤 다시 출발하여 10월 27일에 한양에 도착했습니다. 돌아오자마자 《열하일기》를 쓰기 시작했습니다.
둘째 아들 박종채가 태어났습니다.

1786년(정조 10년) 50세
벼슬에 뜻이 없었지만 이조 판서로 있던 유언호가 강력하게 추천하여 선공감 감역에 임명되어 뒤늦게 벼슬살이를 시작했습니다.

1787년(정조 11년) 51세
1월에 부인이 세상을 떠났고, 7월에 형 박희원이 세상을 떠났습니다.

1788년(정조 12년) 52세
3월에 가족이 모두 전염병에 걸려 맏며느리가 세상을 떠났습니다. 부인에 이어 맏며느리까지 세상을 떠나자 집안 살림을 맡을 사람이 없어 주위에서 재혼을 권했지만 박지원은 받아들이지 않았고, 그 뒤로 혼자 지냈습니다.

1790년(정조 14년) 54세
제릉령에 임명되었습니다.
박지원의 재능을 아끼고 격려한 팔촌형 박명원이 세상을 떠났습니다.

7. **《연암집》** 박지원의 문집으로, 그의 문학 정신과 사상을 엿볼 수 있는 중요한 자료가 많이 수록되어 있습니다. 단국대학교 소장.

8. **박지원 묘** 개성 근처에 있는 박지원의 묘입니다. 잘 보존되어 있어 왕건 왕릉, 박연폭포, 선죽교 등과 함께 북한의 대표적인 유적지로 꼽힙니다.

1793년(정조 17년) 57세
《열하일기》가 문체의 타락을 가져왔으니 그 잘못을 속죄하라는 정조의 편지를 남공철이 가져왔습니다. 박지원은 사죄하는 편지인 〈답남직각공철서〉를 지어 보냈습니다.
친구인 이덕무가 세상을 떠났습니다.

1796년(정조 20년) 60세
안의 현감 임기가 끝나 한양으로 돌아왔습니다. 안의 백성들이 송덕비를 세우려 하자 꾸짖어 못 하게 했습니다.

1805년(순조 5년) 69세
10월 20일 한양 재동에서 깨끗이 목욕시켜 달라는 말을 남긴 채 세상을 떠났습니다. 12월 경기도 장단 송서면 선영에 있는 부인 이씨 묘에 합장되었습니다.

이 연보는 《박지원 문학 연구》(김명호, 성균관대학교 출판부, 2001)를 바탕으로 정리한 것입니다.

글쓴이 이강옥

서울대학교 국문학과를 졸업하고 같은 학교 대학원에서 문학 박사 학위를 받았습니다. 미국 예일대학교 방문 교수를 지냈고, 지금은 영남대학교 국어교육과 교수로 있습니다. 쓴 책으로는 《한국 야담 연구》, 《조선 시대 일화 연구》, 《젖병을 든 아빠, 아이와 함께 크는 이야기》, 《말이 없으면 닭을 타고 가지》, 《보이는 세상 보이지 않는 세상》, 《이야기로 만나는 옛 사람》 등이 있습니다.

그린이 한수임

홍익대학교에서 서양화를 공부하고, 한국일러스트레이션학교와 서울시립대학교 대학원에서 일러스트레이션을 공부했습니다. 그린 책으로는 《까만 나라 노란 추장》, 《강릉 가는 옛길》, 《할아버지와 모자》, 《새 보는 할배》, 《세실리아의 창》 등이 있습니다.

박지원

새 세상을 설계한 지식인

처음 펴낸 날 | 2010년 8월 16일
세 번째 펴낸 날 | 2013년 8월 25일

글 | 이강옥
그림 | 한수임

펴낸이 | 김태진
펴낸곳 | 도서출판 다섯수레
등록일자 | 1988년 10월 13일
등록번호 | 제 3-213호
주소 | 경기도 파주시 문발동
　　　　파주출판도시 500-12(우 413-832)
전화 | 02)3142-6611(서울 사무소)
팩스 | 02)3142-6615
홈페이지 | www.daseossure.co.kr

편집 | 김경회, 이소담, 이진아
디자인 | 이영아

ⓒ이강옥, 2010

ISBN 978-89-7478-343-3 43990
ISBN 978-89-7478-334-1(세트)

이 도서의 국립중앙도서관 출판시도서목록(CIP)은
e-CIP 홈페이지(http://www.nl.go.kr/ecip)에서 이용하실 수 있습니다.
(CIP제어번호: CIP2010002822)